Pallasch/Zopf · Methodix

Waldemar Pallasch/Dieter Zopf

Methodix-
Bausteine für den Unterricht

Vorschläge für die fachspezifische und fächerübergreifende Unterrichtsgestaltung

Mit Illustrationen von Birgit Kock und Reiner Weiß

Beltz Verlag · Weinheim und Basel 1980

CIP-Kurztitelaufnahme der Deutschen Bibliothek

Pallasch, Waldemar:
Methodix, Bausteine für den Unterricht : Vorschläge für d. fachspezif. u. fächerübergreifende Unterrichtsgestaltung / Waldemar Pallasch ; Dieter Zopf. Mit Ill. von Birgit Kock u. Reiner Weiss. – Weinheim, Basel : Beltz, 1980.
(Beltz-Praxis)
ISBN 3-407-62038-1
NE: Zopf, Dietmar:

Gesamtherstellung: Beltz Offsetdruck, 6944 Hemsbach über Weinheim
Seriengestaltung des Umschlags: G. Stiller, Taunusstein
Printed in Germany

ISBN 3 407 62038 1

Statt eines Vorworts:

Inhaltsverzeichnis

Seite

FÄCHERÜBERGREIFEND 209

Seite

G R U P P E N B I L D U N G E N 299

Seite

GRUPPENAKTIVITÄTEN 335

I Begrüßung und Vorstellung

Hallo, ich bin M E T H O D I X !
Ich werde Sie durch dieses Buch begleiten und ab und zu einige Bemerkungen machen.
Erfunden und geboren haben mich W. PALLASCH und D. ZOPF.
Die beiden verantworten auch den gesamten Inhalt dieses Buches. Wenn Ihnen in diesem Buch etwas nicht gefällt, oder wenn es Ihnen stellenweise verrückt vorkommt, dann schimpfen Sie nicht mit mir - ich bin ja nur Ihr Vermittler - sondern wenden Sie sich direkt an die beiden. Die Adressen finden Sie in dem Abschnitt "Zwei Bitten".

II Ziele

Wenn Sie das Buch jetzt in der Hand haben und die folgenden Seiten einfach mal durchblättern, dann wird Ihnen auffallen, daß das Buch sehr formal aufgebaut ist. Mit Sicherheit kommt Ihnen der Gedanke, daß es wie ein Kochbuch mit Rezepten aussieht. Sie haben Recht, es sollen in der Tat Rezepte sein.
Nun wird der eine oder andere von Ihnen aufschreien und sagen: Rezepte für die Schule gibt es nicht.
Ich hingegen glaube, daß das nicht stimmt. Wenn ich mir nämlich Lehrer in der Schule beim Unterrichten anschaue - und ich kann das sehr gut, weil ich klein und in der Klasse unsichtbar bin - stelle ich zweierlei fest:

1) Je länger ein Lehrer in der Schule unterrichtet, desto weniger methodenvariant ist sein Unterricht. Das mag auf den ersten Blick ein Widerspruch sein, denn in der Regel glaubt man ja, daß, je mehr Erfahrung ein Lehrer habe, ihm auch mehr Methoden zur Verfügung stehen müßten. Das halte ich schlichtweg für einen Irrtum. Ich behaupte vielmehr, daß Lehrer über Jahre zwar über ein gewisses Methodenrepertoire verfügen, aber daß dieses Repertoire sehr klein und eng begrenzt ist. Das ist etwa so, als wenn eine Hausfrau nur über eine ganz bestimmte Anzahl von Rezepten verfügt und ihrer Familie immer nur nach diesen wenigen Rezepten Gerichte kocht.

Was der Hausfrau fehlt, ist der Blick in den Kochtopf der Nachbarsfrau, um auf neue Ideen zu kommen. Und so, wie die Nachbarsfrau sich ungern in ihren Topf schauen läßt, weil sie nämlich ängstlich ist und nicht weiß, wie die Besucherin ihre Kochkünste einschätzt, so ist es auch in der Schule: Man kocht in der eigenen Küche, bruzzelt jahrelang vor sich hin, variiert hin und wieder die eigenen Rezepte, aber grundlegend neue Ideen bleiben aus. Nur der Duft aus einer anderen Küche veranlaßt hin und wieder die Hausfrau, auf neue Ideen zu kommen. Und was tut sie dann? Sie hält Ausschau nach einem Kochrezeptbuch. In diesem Rezeptbuch interessiert sie weniger die Entwicklungsgeschichte der Kartoffel oder die chemische Zusammensetzung der Spaghetti, vielmehr möchte sie konkret wissen, wie sie aus Kartoffeln und Spaghetti ein originelles, wohlschmeckendes Gericht zusammenbasteln kann.

<u>Fazit:</u> Es mag noch so viele wissenschaftliche Bücher über die Ernährungsweise und über den Sinn des guten Essens geben, wichtig für die Hausfrau ist zu wissen, wie sie es konkret machen soll.

Dem klugen Leser soll mit dieser Parabel folgendes gesagt werden: Es gibt eine nicht mehr zu überblickende Anzahl von methodisch-didaktischen Abhandlungen für den Unterricht, nur enthalten sie in der Regel nicht das, was ein Lehrer für seinen konkreten Unterricht so dringend benötigt: REZEPTE

Im Gegenteil, bei der Durchsicht solcher - wohlgemeinten - Handreichungen für den Unterricht wird immer wieder betont, daß man keine Rezepte für den Unterricht geben könne, da jede Unterrichtsstunde aufgrund der ach so großen Faktorenkomplexion anders verlaufe. Natürlich ist das so, aber ebenso natürlich ist es, daß die Bratkartoffeln von heute mit Sicherheit etwas anders schmecken werden, als die von morgen.
Wichtig ist nur, daß man weiß, wie man Bratkartoffeln überhaupt macht. Und wichtig ist weiterhin, daß man so viel bescheidene Kreativität besitzt, um das Rezept für die Bratkartoffeln für den eigenen Geschmack zu verändern.

Zusammenfassend behaupte ich - und das bestätigen meine Beobachtungen in der Schule - daß Lehrer regelrecht gierig Ausschau nach neuen Rezepten halten. Sie sind dankbar, wenn sie neue Ideen für ihren Unterricht erhalten. Und genau das wollen die Autoren dieses Buches anbieten: Ihnen Ideen (sprich: Rezepte) geben, die sie natürlich für sich selbst auf ihre Brauchbarkeit und auf ihren Geschmack hin überprüfen müssen.

Als kleine Anmerkung sei mir erlaubt, auf einen Artikel von J. GRELL (1978) hinzuweisen, der unter der Überschrift "Rezeptfeindschaft - Alibi der Theoretiker" diese Problematik aufarbeitet. Er sagt verkürzt folgendes - und ich stimme ihm da vollen Herzens zu - daß die Theoretiker vor Rezepten schlichtweg Angst haben, weil Wissenschaft mit Rezepten schlecht zu vereinbaren sei und man sich bei der Vergabe von Rezepten auf ein Niveau begibt, das dem Wissenschaftler nicht recht zustünde.

2) Schule soll den Schülern Wissen vermitteln, sie soll die Schüler zum wissenschaftlichen Arbeiten anleiten, sie soll den Schülern soziales Verhalten beibringen, sie soll die Schüler zum gesellschaftlichen Handeln befähigen, sie soll Chancengleichheit gewähren, sie soll lebenstüchtige Menschen hervorbringen, sie soll ..., sie soll ...,
SIE SOLL DEN SCHÜLERN ABER AUCH SPASS MACHEN!

Wann aber hat ein Schüler Spaß am Unterricht?

Lieber Leser, fragen Sie sich doch bitte einmal selbst, wann SIE Spaß an der Schule hatten!
Mit Sicherheit fallen Ihnen dabei drei Dinge ein:

a) Man hatte Spaß und Freude an skurrilen Lehrertypen. Ich behaupte, wenn man sich die eigene Schulzeit wie ein Film vor seinen Augen ablaufen läßt, daß die Lehrer in der Erinnerung wachbleiben, die aufgrund ihrer Persönlichkeit besondere Skurrilitäten zeigten - und es waren nicht immer die schlechtesten. Lehrer, die ohne Konturen ihren Unterricht bestritten, verschwinden in der Masse der grauen Mäuse. Man erinnert sich also, wenn man so will, an besondere Lehrerpersönlichkeiten. (Erinnert sei hier an die Feuerzangenbowle, aber ernsthafter verwiesen sei auf: BRÜCK, 1978, besonders S. 167ff.)

Auch hier sei noch eine kleine Anmerkung gestattet:

Würde heute jeder Lehrer nach dem Konzept des sozialintegrativen Unterrichts auch tatsächlich unterrichten können, bestünde zumindest die Gefahr, daß er seinen Unterricht "aalglatt" über die Bühne bringt und für die Schüler schnell aus der Erinnerung verschwindet. Das ist zwar eine gewagte Behauptung, aber ich halte sie aus der Sicht des Schülers für diskussionswürdig.

b) Man hatte Spaß und Freude an Streichen und an lustigen Begebenheiten während der Schulzeit.
Sei es, daß man selbst daran beteiligt war oder sei es, daß man nur als Mitschüler auf Kosten der anderen eine gewisse Schadenfreude miterlebte.
Und es sind doch gerade diese lustigen Begebenheiten, die einem die Erinnerung an die eigene Schulzeit erträglich machen. Wer für seine Erinnerung noch einen Nachholbedarf verspürt, der sei auf KEMPOWSKI's (1976) "Immer so durchgemogelt, Erinnerungen an unsere Schulzeit" oder auf SCHIEFER/HALBRITTER (1977) "Die Kunst, Lehrer zu ärgern" verwiesen.

Und auch hier kann ich mir eine kleine Anmerkung nicht verkneifen:

Es hat allen Anschein, als würden die modernen Schulgebäude, die Klassenzimmer und die Schulhöfe architektonisch so gebaut, daß von vornherein jegliche Phantasie für Streiche im Keim erstickt werden soll.

Wenn das so ist, dann müßten die Schüler besonders zur Kreativität erzogen werden, um der äußeren Schultristesse noch eine phantasiegebende Komponente abzugewinnen.

c) Man hatte Spaß und Freude an einem lebhaften Unterricht, der das normale Einmaleins der Unterrichtsstunde durchbrach. Man erinnert sich an Unterrichtsstunden, in denen das Lernen durch besondere Methoden zum Vergnügen wurde. Und natürlich waren das nicht immer alle Stunden, aber die wenigen bleiben einem in angenehmer Erinnerung.

Und damit ich mir treu bleibe, sei auch hier noch eine kleine Anmerkung erlaubt:

Man weiß - das ist auch wissenschaftlich nachgewiesen - daß viele Lehrer bei ihrer konkreten Unterrichtsgestaltung wenig auf die wissenschaftliche Erkenntnis, die sie während ihres Studiums erworben haben, zurückgreifen, als vielmehr Unterrichtsmuster verwirklichen, die sie aus ihrer eigenen Schulzeit von ihren Lehrern modellhaft übernehmen (hier findet übrigens die Theorie des Modell-Lernens von BANDURA ihre Bestätigung). Dies ist im Prinzip ja nicht schlecht, nur werden in der Regel Unterrichtsmethoden bzw. Prinzipien unreflektiert übernommen, die sich leider nicht immer positiv auf den Unterricht auswirken.

Ziel dieses Buches ist es, für den hier zuletzt genannten Bereich Ideen anzubieten:

1) Es enthält methodische VORSCHLÄGE für den Unterricht.

Ob jeder Vorschlag brauchbar und machbar ist, müssen Sie, lieber Leser, für sich selbst entscheiden.

2) Es enthält VARIATIONEN für den Unterricht.

Es ist kein Geheimnis, daß sogenannte "Einführungsstunden" interessant zu gestalten sind. Aber es ist ebenso kein Geheimnis, daß die meisten Unterrichtsstunden keine Einführungsstunden sind, sondern - und jetzt muß ich das mal pädagogisch ausdrücken - aus Übungen, Wiederholungen, Vertiefungen, Festigungen usw. bestehen - und gerade für diese Unterrichtsstunden sollen die Variationen Ideen für Abwechslung anbieten. Es ist sicher notwendig, daß man bspw. mit den Schülern die Rechtschreibung üben muß, aber es ist sehr schwer, sich für diese alltägliche Arbeit genug Ideen einfallen zu lassen, um den Schülern dieses Notwendige so beizubringen, daß sie sogar Spaß daran finden.

3) Es enthält AUFLOCKERUNGEN für den Unterricht.

In der Regel laufen Unterrichtsstunden nach stereotypen Mustern ab. Und jeder Lehrer hat so seine eigenen Stereotypen. Oft kann man diese starren Unterrichtsabläufe durch wenige originelle Einschübe auflockern. Solche Auflockerungen durchbrechen die Monotonie des Unterrichts, machen den Schülern Spaß und sind in den meisten Fällen sogar mit dem eigentlichen Unterrichtsinhalt zu verbinden (lies hierzu einen Aufsatz einer meiner Urheber: PALLASCH 1975). Denn eine Angst des Lehrers ist die, durch methodische Spielereien nicht mit seinem Lehrstoff durchzukommen. Dies halte ich allerdings für einen Irrtum!

Abgesehen davon, daß man ohnehin mindestens 1/3 des Lehrstoffes kürzen könnte, und zwar in jedem Fach, spielen hier noch andere Faktoren eine Rolle. Beobachtet man nämlich Schüler über den Zeitraum einer gesamten Unterrichtsstunde, so wird man feststellen, daß sie hin und wieder einfach abschalten. Sie gönnen sich eine Pause, spielen mit unterrichtsfremden Gegenständen, schwatzen mit dem Nachbarn, schauen zum Fenster hinaus oder dösen schlicht und ergreifend vor sich hin.

Dieses Abschalten ist ein völlig natürlicher Vorgang, denn wer kann schon 45 Minuten lang konzentriert mitarbeiten. Wäre es dann nicht logisch und sinnvoll, in den Unterricht Auflockerungsübungen einzubauen?

Ich meine ja. Und ich meine auch, daß dadurch keine Zeit verloren geht, denn kurze, aber intensive Arbeitsphasen bringen mehr, als langgezogene Unterrichtsphasen, in denen der Lehrer durch ständige Ermahnungen und Aufmunterungen die Schüler zu konzentrierter Mitarbeit bewegen will.

4) Es enthält IDEEN für spontane Unterrichtsgestaltung.

Jeder Lehrer weiß, daß es unmöglich ist, sich für jede Unterrichtsstunde schriftlich vorzubereiten.
Das bedeutet, daß er in vielen Fällen seinen Unterricht "aus dem Hut" macht, oder anders ausgedrückt, er macht eine Türschwellenunterrichtsvorbereitung: Kurz vor Unterrichtsbeginn überlegt er sich krampfhaft, wie er am besten die 45 Minuten über die Runden bringt. Oft fehlen ihm dazu spontane Ideen, um den Unterricht nicht in Langeweile ausarten zu lassen. Nicht selten unterrichten deshalb Lehrer nach ihren bewährten, starren Unterrichtsmustern, und um diese durchzusetzen, müssen sie zu unsinnig autoritären Mitteln greifen. Sie selbst werden verunsichert, weil die Schüler ihren Unterrichtsmustern nicht folgen und daher nichtadäquates Unterrichtsverhalten zeigen.
Diese Verunsicherung wird im Laufe der Zeit zu einer Ängstlichkeit vor bestimmten Unterrichtsstunden bzw. vor bestimmten Schülern. Dabei ist es durchaus wünschenswert, sogenannte Nullachtfünfzehnstunden durch methodische Ideen spannender zu gestalten. Gerade in der heutigen Zeit, wo alle Welt der Überbeanspruchung (sprich: Streß) das Wort redet, sind kreative Ideen, die das Lernen erleichtern und zum Spaß für Lehrer und Schüler werden, besonders wichtig.

5) Es enthält HINWEISE zur Unterrichtsführung.

Auf der einen Seite hat man Lehrern beigebracht, daß sie ihren Unterricht sozial-integrativ gestalten sollen, auf der anderen Seite aber fallen sie damit ständig auf den Bauch. Die Folge ist, daß sie in unbeobachteten Unterrichtsstunden ihre Schüler "demokratisch zusammenbrüllen".
Sie stehen in dem Konflikt, einerseits sozial-integrativ mit ihren Schülern umgehen zu wollen, andererseits aber zu den von ihnen selbst abgelehnten autoritären Mitteln greifen müssen, um Unterricht überhaupt durchführen zu können.
Das mag hier etwas schwarzweiß gezeichnet sein, aber Tatsache ist, daß sich Lehrer ständig pädagogischen Wechselbädern ausgesetzt fühlen. Es wagt kaum ein Lehrer offen zuzugeben, daß er seine Klasse mit straffer Hand führt.
Dabei ist es wissenschaftlich noch gar nicht bewiesen, ob der eine oder der andere Unterrichtsstil das Nonplusultra ist. Es ist vielmehr so, daß die vorliegenden Forschungsergebnisse bestimmte Annahmen nahelegen, die sich unter ganz bestimmten Voraussetzungen in der Realität als wünschenswert erweisen. Nach wie vor gilt: Unterschiedliche Schüler, unterschiedliche Situationen und unterschiedliche Lehrziele verlangen nach verschiedenartigen Lehrverfahren und Unterrichtsstilen, die man nicht immer mit den idealtypischen Begriffen sozial-integrativ einerseits oder autoritär andererseits erfassen kann (vgl. dazu REINHARDT 1972).

Meine Ideen zur Unterrichtsführung sind in diesem Buch noch recht sparsam. Sie sollen demnächst erweitert und ergänzt werden.

III Adressaten

Ein Blick in das Buch sagt Ihnen, daß es in erster Linie für Lehrer und Lehrerstudenten geschrieben ist.
Ich möchte aber sofort den möglichen Eindruck zerstreuen, dieses Buch sei nur für Lehrer in der Grundschule gedacht. Sicherlich deuten viele Methoden daraufhin, als sei es so. In Wirklichkeit sind die Methoden, Variationen und Ideen für alle Schularten und demnach für alle Lehrer gedacht und praktikabel. Es bedarf nur Ihrerseits etwas Phantasie, die hier vorliegenden Methoden für Ihre Klasse umzuwandeln.
Ich möchte das an einem Beispiel deutlich machen. Es ist einfach falsch zu glauben, Studenten an einer Hochschule oder Gymnasiasten an einer Oberschule würden so viel anders lernen als die ABC-Schützen im ersten Schuljahr. Wenn man nämlich den Mut hat, Studenten in einem Seminar oder Lehrern bei einer Fortbildungsveranstaltung einen Stoff durch methodische Spiele beizubringen, dann verhalten Sie sich nicht viel anders als Kinder in der Grundschule. Die meisten Unterrichtenden haben aber nicht die Courage, ihren erwachsenen Schülern kreative Methoden zum Lernen anzubieten, weil sie sich lächerlich vorkommen. Die erwachsenen Schüler wiederum finden es zu kindisch, nach solchen Methoden zu verlangen, weil sie ihrerseits ihrer Rolle als "Erwachsener" meinen, gerecht werden zu müssen. Lehrerstudenten z.B. verlangen immer wieder nach Unterrichtsmethoden, die sie unmittelbar in der Praxis einsetzen können. Gibt man ihnen diese Methoden nicht in Form einer Vorlesung oder eines Skriptes, sondern spielt sie mit ihnen konkret durch - so wie man es in der Schule mit den Schülern tun würde - dann sind sie plötzlich motiviert, legen ihre Statusrolle als Student ab und arbeiten aktiv mit. Sie spielen scheinbar Schüler, lernen aber auf diese Art und Weise selbst am meisten - und wahrscheinlich auch am liebsten.

Noch ein Hinweis: Dieses Buch ist übrigens auch für Schüler gedacht! Warum sollte ein Lehrer nicht einem Schüler das Buch in die Hand geben mit der Bitte, er möge doch mehrere Methoden aussuchen, von denen er glaube, sie würden seinen Mitschülern Spaß machen.

Fazit: Das Buch bietet Anregungen für alle, die in einem unmittelbaren Erziehungsprozeß tätig sind; denn es enthält nicht nur Methoden für den normalen Unterricht, sondern auch Ideen für die verschiedensten Gruppenaktivitäten außerhalb des normalen Schulbetriebes.

IV Entstehungsgeschichte

Der Anlaß, dieses Buch zu schreiben, war die unterrichtspraktische Arbeit mit Studenten und Lehrern. Immer wieder wurde deutlich, daß es an konkreten methodischen Unterrichtshilfen mangelt. Die Frage stellte sich nun, wie man an methodische Strategien herankommt. Die Idee, diese methodischen Strategien als Rezepte zusammenzutragen, war geboren.

In einem Seminar an der Pädagogischen Hochschule Kiel wurden unter dem Titel "Methoden für den Unterricht" die ersten Rezepte gesammelt, ausprobiert und besprochen.

Das positive Echo hat mich ermutigt, den ersten Teil dieser Zusammenstellung vorzulegen.

An dieser Stelle möchte ich den Seminarteilnehmern für ihre Mitarbeit ausdrücklich danken.

Anmerken möchte ich noch, daß einige Bereiche des Unterrichts noch nicht berücksichtigt sind:

- Ideen für kreative Hausaufgaben
- Ideen für die Bewältigung von Disziplinproblemen
- Ideen für unkonventionelle Lernerfolgskontrollen
- Ideen für Rückmeldungen durch die Schüler an die Lehrer.

Diese hier aufgeführten Bereich sollen demnächst in Angriff genommen werden.

V Gestaltung und Mitarbeit

An dieser Stelle muß ich den Mitarbeitern ein großes DANKE sagen. Einmal gilt dieser Dank einer Gruppe von Studierenden, die an der Auswahl und an der Bearbeitung der Methoden wesentlichen Anteil hat.

Und das sind sie:

Bauer, Angelika
Becker, Ute-Christiane
Luchterhand, Ingrid
Meyer, Susanne
Möller, Axel
Remlinger, Rolf
Schemmitzer, Irina
Schlichting, Wiebke
Schuchardt, Ruth
Segatz, Sabine

Zum anderen muß ich meinen Zeichnern danken; sie besorgten die grafische und zeichnerische Gestaltung dieses Buches.

Und so sehen sie sich selbst:

Birgit Kock - Reiner Weiß

Zum Schluß muß ich ganz besonders Frau Fastenrath von der Pädagogischen Hochschule Kiel danken, die in bewährter Weise die vielen Manuskripte auf der Maschine schrieb.

VI Zwei Bitten

Im Auftrag meiner Urheber möchte ich mich an Sie mit zwei Bitten wenden.
Sie können den Bitten aber erst entsprechen, wenn Sie dieses Buch "gelesen" haben oder besser noch: Wenn Sie einige Rezepte selbst praktisch ausprobiert haben.

Also, erst lesen und - was Ihnen gefällt - ausprobieren!

Erste Bitte:

Schreiben Sie mir, wie Ihnen das Buch gefällt. Sagen Sie mir, ob Sie etwas ausprobiert haben, und wie es Ihnen dabei ergangen ist. Vielleicht haben Sie Anregungen, Verbesserungsvorschläge oder Kritik.
Ich bin daran sehr interessiert, denn meine Urheber wollen aufgrund der Rückmeldungen dieses Buch überarbeiten. Voraussetzung ist natürlich, daß dieses Buch in seiner Aufmachung grundsätzlich Zustimmung findet.

Wenn Sie also meinen, dies ist eine gute Sache, dann schreiben Sie mir einfach - Postkarte genügt!

Zweite Bitte:

Es soll eine Fortsetzung folgen. Ich weiß, daß viele Ideen in vielen Köpfen schlummern, aber eben nur in den Köpfen einzelner, ohne daß andere davon profitieren können.
Wenn Sie also dem Unternehmen positiv gegenüberstehen, dann schreiben Sie mir Ihre Ideen - am besten anhand des vorgegebenen Rasters. Mir ist klar, daß das Raster so seine Schwierigkeiten hat, aber irgendwie komme ich nicht darum herum, eine Art Systematik einzuhalten.

Also, machen Sie mit!
Und haben Sie keine Angst, Ihre Methoden könnten aus dem Rahmen fallen: Je origineller sie sind, desto mehr Anklang werden sie mit Sicherheit finden.

Damit auch nichts schief geht, hier noch einmal die Adressen meiner Urheber:

Waldemar Pallasch
Pädagogische Hochschule Kiel
- Erziehungswissenschaftliches Seminar -
Olshausenstr. 75
2300 Kiel 1

Dietmar Zopf
Von der Tannstr. 18
2300 Kiel 1

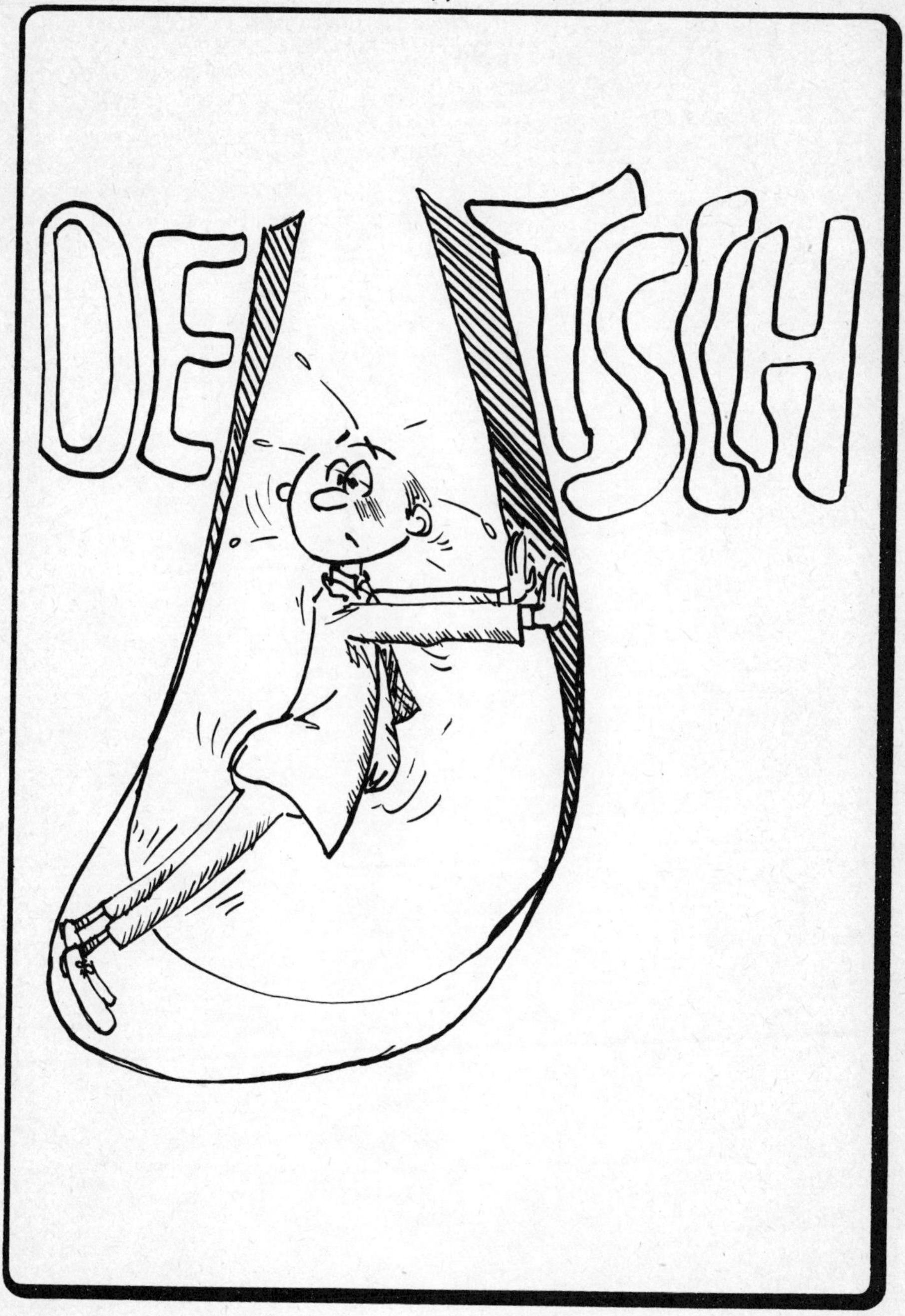
DEUTSCH

LESEÜBUNGEN

Stichwort: BLITZLESEN

Ziel: Das Blitzlesen dient als Konzentrations- und Leseübung. Der Schüler soll auf den Unterricht eingestimmt bzw. motiviert werden.

Fächer: Deutsch

Klassenstufe: Ab 1

Voraussetzung: Die Schüler müssen die gezeigten Wörter kennen. Es sollte sich um Signalwörter handeln, die zur Zeit im Unterricht erarbeitet werden.

Sozialform: Beliebig

Zeit: ca. 5 Minuten

Material: Tageslichtprojektor und Folien

Vorbereitung: Der Lehrer muß Folien anfertigen, auf denen die Signalwörter stehen.

Durchführung: Der Lehrer wirft mit Hilfe des Tageslichtprojektors einzelne Wörter an die Tafel. Die Wörter werden nur kurz gezeigt. Die Länge des Zeigens richtet sich nach dem Wissensstand der Schüler. Die Schüler sollen die kurz gezeigten Wörter dann sagen. Ist das Wort in der Klasse laut genannt worden, so sollte der Lehrer das entsprechende Wort noch einmal für alle Schüler zeigen.

Variation: Dieses Spiel kann sehr leicht erweitert werden. So kann man anschließend die gezeigten Wörter von den Schülern noch schreiben lassen. Ebenso kann die Kontrolle, wer das gezeigte Wort richtig gelesen hat, unterschiedlich erfolgen. Einerseits kann der erste Schüler das Wort in die Klasse rufen, andererseits kann der Lehrer sich die Antworten ins Ohr flüstern lassen, um ein Raten zu verhindern.

Stichwort: WORTDOMINO

Ziel: Sinnvolle Wortzusammensetzungen

Fächer: Deutsch

Klassenstufe: Ab 2

Voraussetzung: Keine

Sozialform: Gruppen

Zeit: Beliebig

Material: Pro Gruppe werden 30 bis 40 Wortdominos benötigt.

Vorbereitung: Man schneidet die Wortdominos aus festem Material (Karton), damit sie nicht so schnell zerreißen.

Durchführung: Die Wortdominos werden gemischt und gleichmäßig an die Schüler einer Gruppe verteilt. Ein Schüler legt einen Wortdomino auf den Tisch. Sein Nachbar legt einen weiteren Wortdomino an, so daß ein sinnvolles Wort entsteht.
Jeder Schüler darf nur ein Domino anlegen, rechts, links, neben und oben und unten an das vorherige Wortdomino. Kann ein Schüler nicht anlegen, setzt er aus. Gewonnen hat, wer als erster alle Wortdominos angelegt hat.

Stichwort: ZUBLINZELN

Ziel: Aktive Zusammenarbeit in der Gruppe; Leseübungen; Erweiterung des Wortschatzes.

Fächer: Deutsch

Klassenstufe: Ab 1

Voraussetzung: Die Schüler müssen die Wörter, die auf den Wortkarten gelesen werden müssen, schon einigermaßen lesen können, so daß die Leseübung nur noch verfestigt zu werden braucht.

Sozialform: Gruppen

Zeit: ca. 20 Minuten

Material: Wortkarten zum Umgängen

Vorbereitung: Folgende zwei Wortkartengruppen müssen vorbereitet werden (je 1 Wort auf einer Karte):

1. Tiernamen:
   Maus, Pferd, Krokodil, Vogel, Löwe, Nilpferd, Seehund, Affe, Pfau, Fuchs, ...

2. Äußerungsverben:
   fragte, wieherte, klapperte, zwitscherte, brüllte, schnaubte, bellte, kreischte, schrie, knurrte, ...

Durchführung: Die Kinder hängen sich ausgewählte Wortkarten um und spielen "Zublinzeln". Die Kinder mit den Tiernamen bilden dabei den äußeren Kreis, die Kinder mit den zuzuordnenden Aussagen (den Äußerungsverben), den inneren. Wem sein Partner davongelaufen ist, liest die dabei entstandene Kombination vor.

Variation:

1. Anstelle der Gruppe "Äußerungsverben" können auch Eigenschaftswörter, Bezeichnungen für Körperteile oder Bewegungsverben benutzt werden.

2. Statt beider Wortgruppen können auch Wortgruppen aus anderen Sachgebieten verwendet werden.

Stichwort: UNSINNGESCHICHTE

Ziel: Schreiben und Lesen üben

Fächer: Deutsch

Klassenstufe: Ab 3

Voraussetzung: Keine

Sozialform: Gruppen

Zeit: 10 - 15 Minuten

Material: Papier und Stift

Vorbereitung: Keine

Durchführung: Die Klasse wird in Gruppen mit je ca. 5 Schülern aufgeteilt. Jeder Schüler hat ein Stück Papier und einen Stift vor sich. Der Lehrer nennt nun ein Thema, zu dem Sätze gebildet werden sollen nach dem Schema Subjekt - Prädikat - Objekt oder adverbiale Bestimmung - adverbiale Bestimmung. Jeder Schüler schreibt auf sein Blatt zuerst ein Subjekt; dann knickt er den Zettel so, daß das Geschriebene verdeckt ist und gibt ihn an seinen linken Nachbarn weiter. Auf den nächsten Zettel schreibt er ein Prädikat, knickt ihn wieder usw. bis die Zettel fünfmal weitergegeben worden sind. Jeder faltet nun den vor ihm liegenden Zettel auseinander und alle lesen der Reihe nach ihren Satz vor. Alle zusammen ergeben eine unsinnige Geschichte.

Variation: Anstelle der Wörter kann man die Kinder auch ganze Sätze schreiben lassen, so daß nachher auf einem Zettel mehrere Sätze stehen.

Stichwort: ZUNGENBRECHER

Ziel: Verbesserung der Artikulation

Fächer: Deutsch

Klassenstufe: Ab 1

Voraussetzung: Keine

Sozialform: Kreisform

Zeit: Je nach Teilnehmerzahl

Material: Tonbandgerät

Vorbereitung: Keine

Durchführung: Die Schüler sitzen im Kreis. Der Lehrer stellt die Aufgabe, daß jeder nacheinander einen vorher festgelegten Zungenbrecher vorspricht (z.B. Fischers Fritze ...). Dieser wird auf Tonband aufgenommen. Nachdem jeder seinen Satz gesagt hat, wird die Tonbandaufnahme abgespielt, wobei die Schüler bei jedem einzelnen auf die Qualität der Artikulation achten und sie besprechen.

Variation: Vorschläge für Zungenbrecher können von den Schülern kommen.

Stichwort: VORLESEN

Ziel: Leseübung

Fächer: Deutsch/Fremdsprache

Klassenstufe: Ab 3

Voraussetzung: Keine

Sozialform: Gruppen

Zeit: 45 Minuten

Material: Pro Gruppe eine Geschichte; die Geschichten sollten etwa gleich lang und gleich schwer sein.

Vorbereitung: Keine

Durchführung:

a) Klasse in gleich große Gruppen aufteilen.

b) Jede Gruppe erhält eine Geschichte.

c) Jedes Gruppenmitglied liest seiner Gruppe die Geschichte laut vor.

d) Die Gruppe entscheidet, welches Mitglied am besten gelesen hat.

e) Von jeder Gruppe liest der Beste die Geschichte dem Plenum vor.

f) Das Plenum entscheidet, welche Gruppe am besten gelesen hat und begründet dies.

RECHTSCHREIBÜBUNGEN

Stichwort: WÖRTERDOMINO

Ziel: Zusammengesetzte Nomen bilden und die damit entstehenden Gesetzmäßigkeiten kennenlernen, gleichzeitig als Leseübung.

Fächer: Deutsch

Klassenstufe: Ab 2/3

Voraussetzung: Die Kinder müssen lesen können.

Sozialform: Gruppenarbeit (4-5 Schüler)

Zeit: Beliebig

Material: Für jede Gruppe 20-40 Wortkarten (5x5 cm) mit verschiedenen Nomen, die alle im Singular erscheinen (Tür, Auto, Schloß, Garten, Haus, usw.).

Vorbereitung: Herstellung der Wortkarten

Durchführung: Die Wortkarten werden gemischt und gleichmäßig an alle Schüler einer Gruppe verteilt. Ein Spieler legt eine Wortkarte auf den Tisch (z.B. Tür). Im Reihumverfahren legen die Schüler nun jeweils eine Wortkarte so neben das Kärtchen, daß ein sinnvolles Kompositum entsteht. Angelegt werden darf rechts, links neben und oben und unten an das Kärtchen. Kann ein Schüler eine Karte nicht sinnvoll anlegen, so muß er aussetzen. Gewonnen hat derjenige, der als erster alle seine Karten angelegt hat.
Beispiel, wie angelegt werden kann:

Haus	Tür		Wohn
	Schloß	Garten	Möbel

<u>Variation:</u> Aus Nomen und Adjektiven müssen Komposita gebildet werden.

Beispiel:

	Fein
Bunt	Wäsche

<u>Stichwort:</u> BUCHSTABENDOMINO

<u>Ziel:</u> Wiederholung und Festigung gelernter Buchstaben und Wörter.

<u>Fächer:</u> Deutsch

<u>Klassenstufe:</u> Ab 1

<u>Voraussetzung:</u> Keine

<u>Sozialform:</u> Beliebig

<u>Zeit:</u> Beliebig

<u>Material:</u> Tafel und Kreide

<u>Vorbereitung:</u> Keine

<u>Durchführung:</u> Der Lehrer schreibt ein gelerntes Wort an die Tafel und stellt den Kindern die Aufgabe, ein schon bekanntes Wort zu finden, das mit dem Endbuchstaben des angeschriebenen Wortes anfängt. Das neue Wort wird dann folgendermaßen eingefügt:

```
H A S E
      S
      E
      L A U S              usw.
```

<u>Variation:</u>

1. Die Kinder sollen Wörter finden, die einen beliebigen Buchstaben des angeschriebenen Wortes als Anfangsbuchstaben haben oder in denen ein Buchstabe des angeschriebenen Wortes vorkommt. Dementsprechend werden auch die neuen Wörter eingefügt:

```
H A S E
    O     L
    N     A
    N O R D E N
    E     E
          N                usw.
```

2. Die Kinder dürfen nur Substantive oder nur Verben oder nur Adjektive benutzen.

Stichwort: WÖRTER SPIELEN

Ziel: Eine Wortart soll anhand von Beispielen wiederholt und gefestigt werden. Die Phantasie und das Darstellungsvermögen der Schüler sollen gefördert werden.

Fächer: Deutsch (evtl. Fremdsprachen)

Klassenstufe: Ab 2

Voraussetzung: Entsprechende Wortarten müssen vorher im Unterricht behandelt worden sein. Der Schüler muß gelernt haben, beliebige Wörter entsprechenden Wortarten zuzuordnen.

Sozialform: Kreisform

Zeit: 15-20 Minuten

Material: Kein

Vorbereitung: Keine

Durchführung: Die Wortart wird entsprechend des zu wiederholenden Unterrichtsstoffes vom Lehrer festgelegt (z.B. Hauptwörter). Ein Schüler sagt dann z.B. das Wort "Auto". Nun ruft er einen Mitschüler auf, der den Begriff darstellen soll. Dieser nennt daraufhin ein neues Wort usw.

Variation: Ein Schüler stellt einen Begriff dar. Die übrigen Schüler sollen nun das dazugehörige Wort der vorgegebenen Wortart finden.

Stichwort: REIME

Ziel: Rechtschreibschulung, Erkennen von Lautverwandtschaften.

Fächer: Deutsch

Klassenstufe: Ab 1

Voraussetzung: Keine

Sozialform: Einzelarbeit

Zeit: Beliebig

Material: Arbeitspapiere

Vorbereitung: Verschiedene Blätter werden im Abzugsverfahren hergestellt. Auf diesen Blättern stehen Reime, bei denen Worte ausgelassen wurden

z.B. Es sitzt eine Maus
in unserem
Liebe kleine
komm doch

Durchführung: Jedes Kind bekommt ein Blatt und bekommt jetzt die Aufgabe, die fehlenden Worte zu ergänzen.

Stichwort: ZWERGESUCHEN

Ziel: Unterscheidung verschiedener Buchstaben, Rechtschreibübung.

Fächer: Deutsch

Klassenstufe: Ab 1

Voraussetzung: Kenntnis des Alphabets

Sozialform: Einzelarbeit

Zeit: Beliebig

Material: Vorgegebener Text

Vorbereitung: Herstellen eines Textes

Durchführung: Der Lehrer gibt den Schülern die Aufgabe, bestimmte Buchstaben aus einem Text hervorzuheben. Die Aufgabe kann z.B. lauten: Such den Zwerg "i" heraus und kreise ihn ein.

Variation:

1. Alle großen Anfangsbuchstaben werden von den Kindern mit Buntstiften eingekreist.
2. Anfangsbuchstaben von Absätzen werden mit Zeichnungen versehen.
3. Die Schüler sollen im Text eingearbeitete Fehler herausfinden, unterstreichen und berichtigen.

Stichwort: VERKEHRTE WELT

Ziel: Erkennen des Schriftbildes, Rechtschreibübung.

Fächer: Deutsch

Klassenstufe: Ab 2

Voraussetzung: Keine

Sozialform: Partnerarbeit

Zeit: Ungefähr 10 Minuten

Material: Kein

Vorbereitung: Keine

Durchführung: Zwei Schüler arbeiten bei diesem Spiel zusammen. Einer sagt ein Wort und der andere muß versuchen sich das Schriftbild vorzustellen und das Wort rückwärts in Gedanken ablesen.
Dieses Spiel hat einen gewissen Schwierigkeitsgrad und kann die Schüler am Anfang überfordern. Zur Erleichterung kann es auch schriftlich durchgeführt werden, indem die Worte aufgeschrieben werden, um besser rückwärts gelesen werden zu können.

Stichwort: WORTKÄRTCHENSPIEL

Ziel: Förderung der Rechtschreibung und Erweiterung des Wortschatzes.

Fächer: Deutsch

Klassenstufe: Ab 2

Voraussetzung: Keine

Sozialform: Gruppen von 4 - 5 Schülern

Zeit: Beliebig

Material: Für jede Gruppe ca. 50-60 Kärtchen (2x2 cm), auf denen einzelne Buchstaben stehen, einen Behälter für die Kärtchen und 1 Würfel.

Vorbereitung: Für jede Schülergruppe werden ca. 50-60 Kärtchen (2x2 cm groß) mit den Buchstaben hergestellt. Dabei ist zu beachten, daß die Buchstaben 'j', 'q', 'x', 'y' nicht so häufig auftauchen.

Durchführung: Im Reihumverfahren wird gewürfelt. Je nach Augenzahl des Würfels darf sich der Schüler entsprechend viele Buchstaben aus dem Becher entnehmen. Er muß nun versuchen, aus seinen Buchstaben ein Wort zu bilden. Gelingt ihm das beim ersten Mal nicht, muß er warten, bis er wieder an der Reihe ist und seinen Buchstaben(vorrat) erweitern kann. Derjenige, der am Ende die meisten Wörter gebildet und dabei die meisten Buchstaben verwenden konnte, ist Sieger.

Variation: Es werden ca. 50-60 Silbenkärtchen hergestellt. Derjenige, der am Ende des Spiels aus den Silben die meisten Wörter gebildet hat, ist Sieger.

Stichwort: WORTWÜRFELSPIEL

Ziel: Förderung der Rechtschreibung und des Sprachschaffens.

Fächer: Deutsch

Klassenstufe: Ab 2

Voraussetzung: Keine

Sozialform: Gruppen

Zeit: Beliebig (10-20 Minuten)

Material: Je Gruppentisch: 5 Würfel,
1 Würfelbecher.

Es eignen sich normale Spielwürfel. Im Spielwarenhandel sind auf Bestellung auch neutrale Würfel erhältlich.
Selbstklebende Etikettschildchen.

Vorbereitung: Selbstklebende Etikettschildchen werden mit Buchstaben beschriftet und auf die Seiten der Würfel geklebt. Dabei soll berücksichtigt werden, daß die 30 Buchstaben so gewählt werden, daß die Schüler sinnvolle Wörter bilden können. Die Buchstaben 'x', 'y', 'q' werden selten, 'e', 'a', 'n' usw. dagegen häufiger Verwendung finden. Im Fachgeschäft sind Buchstabenwürfel erhältlich.

Durchführung: Jede Gruppe erhält einen Würfelbecher, in dem 5 vorbereitete Würfel sind. Nun wird reihum gewürfelt. Jeder Schüler muß aus möglichst allen 5 gewürfelten Buchstaben ein Wort bilden. Jeder verwendete Buchstabe zählt einen Punkt. Das Wort wird aufgeschrieben. Die Punkte einer jeden

Gruppe werden addiert. Sieger ist die Gruppe, die die höchste Punktzahl erreicht hat.
Es ist vor Spielbeginn zu klären, ob ein gewürfelter Buchstabe in einem Wort nur einmal oder mehrmals verwendet werden darf.

<u>Variation:</u> Die Schüler sollen aus den gewürfelten Buchstaben nur Substantive oder nur Verben oder nur Adjektive bilden.

Stichwort: GEFÜLLTE KALBSBRUST

Ziel: Dieses Spiel kann als Übung für die Benutzung eines Wörterbuchs dienen. Es regt die Phantasie an, erweitert den Sprachschatz und fördert die Rechtschreibung.

Fächer: Deutsch, in höheren Klassen auch Fremdsprachen.

Klassenstufe: Ab 3/4

Voraussetzung: Keine

Sozialform: Beliebig

Zeit: 15 Minuten

Material: Kein

Vorbereitung: Keine

Durchführung: Ein Wort, z.B. "STUHLBEIN", wird senkrecht einmal von oben nach unten und einmal von unten nach oben an die Tafel geschrieben. Dazwischen werden Freiräume für Buchstaben gelassen. Die Kinder sollen nun versuchen, ein Wort zu finden, das mit S anfängt und mit N endet.

```
S_ _ _ _ _ _ _ N
T_ _ _ _ _ _ _ I
U_ _ _ _ _ _ _ E
H_ _ _ _ _ _ _ B
L_ _ _ _ _ _ _ L
B_ _ _ _ _ _ _ H
E_ _ _ _ _ _ _ U
I_ _ _ _ _ _ _ T
N_ _ _ _ _ _ _ S
```

Dieses Wort soll nun im Wörterbuch auf seine richtige Schreibweise überprüft werden. Als

Anreiz für die Phantasie kann man für besonders lange Wortkombinationen kleine Belohnungen einsetzen.

Variation:

1. Als Erschwernis könnte man die Buchstabenanzahl festlegen. Z.B. müssen alle gebildeten Wörter mindestens 4 Buchstaben enthalten.

2. Die Wortschöpfungen werden auf bestimmte Wortarten beschränkt, z.B. nur Substantive, nur Verben usw.

Stichwort: WORTWERFEN

Ziel: Richtiges Buchstabieren lernen

Fächer: Deutsch

Klassenstufe: Ab 3

Voraussetzung: Keine

Sozialform: Zwei Gruppen

Zeit: Beliebig

Material: Ein Ball

Vorbereitung: Keine

Durchführung: Ein Schüler wirft den Ball einem Schüler aus der gegnerischen Partei zu und nennt dabei ein Wort mit einem s-Laut (z.B. Gras, Krokus, Reis, Grieß, fassen, lassen). Der angespielte Schüler fängt den Ball und buchstabiert dabei das Wort. Macht er dabei keinen Fehler, bekommt seine Gruppe einen Pluspunkt; buchstabiert er jedoch falsch, muß er den Ball an den Werfer zurückgeben.
Dieser darf nun das Wort richtig buchstabieren und so für seine Partei einen Extrapunkt machen.
Jeder Schüler darf nur einmal angespielt werden.
Sieger ist die Partei, die die meisten Punkte sammeln konnte.

<u>Variation:</u> Dasselbe Spiel kann mit der Schreibung von z-Lauten (Katze, Herz, Holz usw.), dem langen 'a' (Wagen, Rabe, die Wahl, usw.), dem langen 'i' (wir, Wiese, Vieh, lieb, usw.), dem langen 'e' (Weg, Lehrer, leer, usw.) oder mit noch anderen Lauten durchgeführt werden.

Stichwort: VOKABELN EINSCHLEIFEN

Dieses Spiel erfordert viel Konzentration von den Schülern.

Ziel: Gewinnen von Sicherheit in der Rechtschreibung.

Fächer: Deutsch, Englisch

Klassenstufe: Ab 3

Voraussetzung: Keine

Sozialform: Gruppen

Zeit: Beliebig

Material: Für jede Gruppe benötigt man etwa 36 Karten von 5 x 5 cm Seitenlänge.

Vorbereitung: Die Kartenrückseiten sollen einheitlich sein. Für die Kartenherstellung eignen sich alte Kartenspiele und Reklamekartenspiele oder viereckige Bierdeckel.
Die Anzahl der Karten wird durch drei geteilt. Auf zwei Karten wird nun das fehlerfreie Wort geschrieben; auf die dritte Karte schreibt man das gleiche Wort - nur diesmal mit Fehler.
Der Zeitaufwand zum Herstellen der Karten ist relativ hoch.

Durchführung: Die Karten werden verdeckt in 6 Reihen zu je 6 Karten auf den Tisch gelegt. Der Reihe nach nehmen die Schüler nun je 2 Karten auf, zeigen sie auch den Mitschülern und legen sie wieder an ihren Platz. Dabei müssen sich die Schüler merken, wo welche Karten liegen.
Aufgabe der Schüler ist es, ein Paar zu bilden. Ein Paar ergibt sich aus zwei Karten mit einem korrekt geschriebenen Wort.

Deckt ein Schüler eine Karte mit einem fehlerhaften Wort auf, darf er sie nicht zur Paarbildung benutzen, sondern legt sie mit der Schriftseite nach oben an ihren Platz zurück. Am Ende des Spiels liegen nur noch falsche Wörter auf dem Tisch.
Der Schüler mit den meisten Karten hat das Spiel gewonnen.

Variation:

1. Ziel: Einschleifen der Schreibweise von Vokabeln.
   Fächer: Englisch
   Klassenstufe: Ab 5
   Voraussetzung: Keine
   Sozialform: Gruppen
   Zeit: Beliebig
   Vorbereitung: Siehe oben
   Durchführung: Siehe oben
   Hinweis: Es können auch grammatische Wendungen auf diese Art geübt werden.

2. **Ziel:** Übung der Schreibweise von Wörtern.

Fächer: Deutsch, Englisch

Klassenstufe: Ab 2

Voraussetzung: Keine

Vorbereitung: Die Anzahl der Karten wird durch zwei geteilt.
Eine Hälfte bildet die korrekten Wörter, die andere Hälfte bildet die falschen Wörter.
Ein Schuhkarton zum Ablegen der Karten.

Durchführung: Die Karten werden offen auf den Tisch gelegt. Reihum nimmt jeder Schüler eine Karte mit einem fehlerhaften Wort vom Tisch, sagt welchen Fehler er sieht und wirft die Karte in den Schuhkarton. Aus den fehlerfreien Wörtern, die am Ende des Spiels auf dem Tisch liegen, bilden die Schüler einen Satz.

Stichwort: **WÖRTERMANNSCHAFT**

Ziel: Rechtschreibübung

Fächer: Deutsch, Englisch

Klassenstufe: Ab 2

Voraussetzung: Keine

Sozialform: Zwei Gruppen (Bankreihen)

Zeit: Beliebig

Material: Karten, 20 x 10 cm Seitenlänge, je Schüler eine Karte.

Vorbereitung: Auf jede Karte wird ein Buchstabe geklebt oder gemalt.
Für Buchstaben, die häufiger gebraucht werden, sollten 2 oder 3 Karten angefertigt werden. Einige Buchstaben brauchen vielleicht nicht angefertigt werden (x, y, q).

<u>Durchführung:</u> Die Klasse wird in zwei Gruppen aufgeteilt. Jedes Gruppenmitglied erhält eine Buchstabenkarte. In jeder Gruppe muß die gleiche Anzahl von Buchstaben gegeben sein. Der Lehrer ruft nun ein Wort, z.B. RUHE. Die Schüler aus beiden Gruppen mit den Buchstaben R, U, H und E laufen nach vorn und stellen sich so schnell wie möglich in der richtigen Reihenfolge auf. Dabei halten sie die Buchstaben hoch, damit die Klasse das vom Lehrer gerufene Wort lesen kann. Die Gruppe, die sich zuerst in der richtigen Buchstabenreihenfolge formiert hat, gewinnt und erhält einen Punkt.

Stichwort: TAFELDIKTAT

Ziel: Sicherheit und Schnelligkeit in der Rechtschreibung.

Fächer: Deutsch, Englisch

Klassenstufe: Ab 2

Voraussetzung: Keine

Sozialform: Klassenverband (2 Gruppen/Bankreihen)

Zeit: Beliebig

Material: Kein

Vorbereitung: Keine

Durchführung: Der Lehrer wählt soviele Wörter aus, wie Schüler in der Gruppe sind. Die Gruppen müssen gleich stark sein. Der erste Schüler jeder Gruppe erhält ein Stück Kreide, wartet bis der Lehrer ein Wort ruft, läuft sofort an die Tafel und schreibt dieses Wort an. Danach läuft er zurück an seinen Platz und gibt dem nächsten Schüler seiner Mannschaft die Kreide. Die Gruppe, die die wenigsten Fehler gemacht hat, hat gewonnen.

Variation:

Ziel: Vokabelübung, Rechtschreibübung

Fächer: Englisch

Klassenstufe: Ab 5

Voraussetzung: Keine

Sozialform: Klassenverband

Zeit: Beliebig; höchstens 15 Minuten

Material: Kein

<u>Vorbereitung:</u> Keine

<u>Durchführung:</u> Der Lehrer schreibt die deutschen Übersetzungen der Vokabeln an die Tafel. Die Schüler schreiben die englischen Wörter daneben. Jeder Schüler muß einmal an die Reihe kommen. Die Gruppe, die zuerst alle Vokablen richtig an die Tafel geschrieben hat, gewinnt.

Stichwort: GALGEN

Ziel: Rechtschreibübung

Fächer: Deutsch, Englisch

Klassenstufe: Ab 2

Voraussetzung: Keine

Sozialform: Klassenverband

Zeit: Beliebig

Material: Kein

Vorbereitung: Keine

Durchführung: Der Lehrer denkt sich ein Wort aus, schreibt aber für jeden Buchstaben einen Gedankenstrich an die Tafel. Die Klasse soll nun das Wort Buchstabe für Buchstabe erraten. Jeder Buchstabe, der im Wort vorkommt, wird über den entsprechenden Gedankenstrich geschrieben. Für jeden, von den Schüler genannten Buchstaben, der nicht im Wort vorkommt, setzt der Lehrer einen Strich am Galgen. Erraten die Schüler das Wort, bevor der Lehrer den Galgen gemalt hat, gewinnen sie diesen Punkt. Beendet der Lehrer den Galgen, bevor die Schüler das Wort erraten haben, gewinnt er diesen Punkt.

Variation:

1. **Der erste und der letzte Buchstabe des Wortes werden an die Tafel geschrieben.**

2. **Die Schüler müssen zu dem genannten Buchstaben seine Position im Wort nennen.**

Stichwort: SÄTZE LEGEN

Ziel: Übung eines bevorstehenden Diktates

Fächer: Deutsch

Klassenstufe: Ab 2

Voraussetzung: Keine

Sozialform: Frontalausrichtung

Zeit: ca. 20 Minuten

Material: Tageslichtprojektor und Folie

Vorbereitung: Wörter des Diktates werden vom Lehrer auf Folie geschrieben und ausgeschnitten (Namenwort und Begleiter als Einheit).

Durchführung: Die ausgeschnittenen Wörter werden ungeordnet auf den Tageslichtprojektor gelegt. Die Schüler setzen die möglichen Sätze auf dem Projektor zusammen.
Nach dem Lesen der Sätze werden sie einzeln auswendig ins Übungsheft geschrieben und sofort verglichen.

Stichwort: PUNKT-WORTE

Ziel: Rechtschreibübung
Für einen Gegenstand einen zweiten Namen finden oder eine kurze Beschreibung geben können.

Fächer: Deutsch (ev. übergreifend)

Klassenstufe: Ab 2

Voraussetzung: Keine

Sozialform: Beliebig

Zeit: 10 Minuten

Material: Anonymer Gegenstand

Vorbereitung: Keine

Durchführung: Ein Schüler schreibt je nach Länge seines Gegenstandsnamens 2-5 Buchstaben auf einen Zettel; die nicht genannten Buchstaben werden durch einen Punkt ersetzt. Nach einer kurzen Beschreibung des Gegenstandes oder der Nennung eines zweiten Namens beginnen die anderen Schüler die restlichen Buchstaben herauszufinden.

Zum Beispiel:
Unbekannter Gegenstand: Teddybär
2. Name oder kurze Erklärung: Mein Schmusetier
Auf dem Zettel steht z.B.: .e..y.ä.

Stichwort: KOPF HEBEN

Ziel: Die Schüler sollen Buchstaben aus einem Wort heraushören können.

Fächer: Deutsch

Klassenstufe: Ab 1

Voraussetzung: Keine

Sozialform: Beliebig

Zeit: Beliebig

Material: Kein

Vorbereitung: Keine

Durchführung: Die Schüler legen den Kopf zwischen die Arme. Der Lehrer spricht langsam verschiedene Wörter. Kommt in dem Wort der Buchstabe -r- vor, dann heben die Schüler den Kopf.

Variation: Das Spiel eignet sich auch für die Analyse von Buchstabenfolgen (tt, ll, ie, etc.).

AUSDRUCKSFÄHIGKEIT

Stichwort: NACHERZÄHLUNG (EINER GELESENEN GESCHICHTE)

Ziel: Übung der mündlichen Ausdrucksfähigkeit

Fächer: Deutsch

Klassenstufe: Ab 3

Voraussetzung: Keine

Sozialform: Beliebig

Zeit: Beliebig

Material: 4-6 Wortkarten mit Stichwörtern, die dem Inhalt der Geschichte entnommen sind.

Vorbereitung: Keine

Durchführung: Der Lehrer gibt als stummen Impuls die erste Wortkarte an einen Schüler, der diese laut vorliest. Erinnern sich die Schüler aufgrund dieser Karte bereits an die Geschichte oder an die bestimmte Stunde, sollen sie sich äußern.
Die Karten werden so lange an die Schüler verteilt, bis der gesamte Inhalt wiedererzählt worden ist.

Variation: "Perspektivwechsel"
Der Schüler, der nacherzählt, muß sich in eine Person aus der Nacherzählung versetzen und von dieser Sicht aus die Geschichte noch einmal vortragen.

<u>Stichwort:</u> GERÄUSCHE MACHEN ZUR GESCHICHTE

<u>Ziel:</u> Steigerung des Ausdrucksvermögens und der Erzählfähigkeit bei Nacherzählungen.

<u>Fächer:</u> Deutsch

<u>Klassenstufe:</u> Ab 2

<u>Voraussetzung:</u> Keine

<u>Sozialform:</u> 2-3 Gruppen, auch gesamter Klassenverband möglich.

<u>Zeit:</u> Mindestens 30 Minuten

<u>Material:</u> Kein

<u>Vorbereitung:</u> Gute Erzählung heraussuchen

<u>Durchführung:</u> Eine ereignisreiche Erzählung wird vorgelesen. Danach wird Erzähler bestimmt, der Gehörtes wiedergibt. Die Zuhörer haben dabei die Aufgabe, das Gehörte lautlich zu untermalen.
<u>Beispiel:</u> Erzähler: "Hans ging in den Wald". Bei dem Stichwort "Wald" simulieren die Zuhörer Vogelgezwitscher und den Wind, der durch die Tannen weht.
Durch die Laute wird der Erzähler animiert, die Waldatmosphäre etwas genauer darzustellen. Statt sich mit dem Satz "Hans ging in den Wald" zu begnügen, wird er höchstwahrscheinlich als feedback auf die Geräusche den Wald mit seinen Geschehnissen sprachlich genauer aufschlüsseln und darstellen.
Umgekehrt kann aber auch ein geschickter Erzähler das Publikum dazu bewegen, zahlreichere lautliche Assoziationen zu realisieren.

Ausdrucks-
fähigkeit

__Variation:__ **Zu den Schülern, die die lautliche Untermalung besorgen, kann noch eine Gruppe treten, die die vom Erzähler genannten Personen pantomimisch spielt.**

Stichwort: LÜCKENGESCHICHTE

Ziel: Förderung der Gedächtnisleistung und des logischen Denkens.

Fächer: Deutsch

Klassenstufe: Ab 2

Voraussetzung: Keine

Sozialform: Einzelarbeit

Zeit: Beliebig

Material: Matrizen

Vorbereitung: Matrizen herstellen

Durchführung: Der Lehrer liest eine Geschichte vor. Die Schüler erzählen die Geschichte nach. Der Lehrer verteilt die Matrizen, auf denen die Geschichte getippt ist, jedoch fehlen an einigen Stellen einzelne Begriffe oder Sinnzusammenhänge, die nun von den Schülern richtig eingesetzt werden sollen.

Variation: Die schriftlich einzusetzenden Begriffe können auch durch entsprechende Zeichnungen dargelegt werden.
Diese Übung eignet sich auch als Hausaufgabe.

Stichwort: BUCHSTABENSALAT

Ziel: Durch die Zusammensetzübungen von Wörtern sollen neben der Rechtschreibung das Denken, Konzentrieren und Sprachschaffen der Schüler gefördert werden, ebenso Festigung der Vokabeln.

Fächer: Deutsch

Klassenstufe: Ab 3

Voraussetzung: Keine

Sozialform: Einzelarbeit, Partnerarbeit, Gruppenarbeit

Zeit: Beliebig

Material: Ein Briefumschlag pro Schüler (Paar, Gruppe) Buchstaben: Die Buchstaben können aus einem Scrabble-Spiel sein oder auf kleinen Zetteln stehen.

Vorbereitung: Schreiben der Buchstaben auf Zettel

Durchführung: Jeder Schüler, jedes Paar oder jede Gruppe erhält einen Briefumschlag mit vielen Buchstaben. Die Schüler sollen nun aus den Buchstaben sinnvolle Wörter bilden.

Variation:

1. Nicht Buchstaben, sondern Silben werden zu sinnvollen Wörtern zusammengesetzt.

2. Auf gleiche Weise lassen sich Komposita zusammensetzen.

3. Eine beliebige Anzahl von Vokablen wird vom Lehrer in Silben zerlegt und in alphabetischer Reihenfolge an die Tafel geschrieben. Die Kinder versuchen die Silben richtig zusammenzusetzen.

4. Der Lehrer wählt das Buchstabenmaterial so aus, daß die Schüler solche Wörter bilden, die für das nächste Diktat eingeübt werden sollen. Er kann die Umschläge auch so verteilen, daß die Wörter nacheinander gelesen einen Satz, einen Reim o.ä. ergeben. Diese Sätze oder Reime können gleichsam eine Überleitung oder einen Einstieg zum nächsten Thema darstellen.

Stichwort: MALE EINEN SCHLUSS

Ziel: Anregung der Phantasie; Förderung der Zeichenfähigkeit; Darstellung eines Geschehens; Beschreibung eines Bildes.

Fächer: Deutsch

Klassenstufe: Ab 3

Voraussetzung: Keine

Sozialform: Beliebig

Zeit: ca. 20 Minuten

Material: Zeichenblock und -stifte

Vorbereitung: Geschichte ausdenken

Durchführung: Der Lehrer erzählt den Schülern eine Geschichte, die einen möglichst handlungsvollen Inhalt hat. Wichtig ist allerdings, daß das Ende der Geschichte offen bleibt. Die Kinder sollen sich nun selbst ausdenken, wie der Schluß aussehen könnte und ihre Version auf ein Blatt Papier malen. Wenn alle fertig sind, wird jeweils ein Bild besprochen. Gemeinsam soll die Klasse das Bild ihres Mitschülers erläutern und beschreiben.

Stichwort: BILDERGESCHICHTEN

Ziel: Schüler sollen lernen, Beobachtungen genau zu verbalisieren.

Fächer: Deutsch, Fremdsprachen

Klassenstufe: Ab 2 bzw. 5

Voraussetzung: Keine

Sozialform: Jede Form möglich

Zeit: 45 Minuten

Material: Mehrere Bilder

Vorbereitung: Bildauswahl, ggf. zeichnen

Durchführung: Lehrer hängt ein Bild an die Tafel und fragt die Schüler, was sie dabei empfinden. Er fordert sie zur genauen Bildbeschreibung auf (Farbe, Gegenstände, Personen etc.). Die gesamte Klasse beschreibt das Bild vollständig. Lehrer richtet Frage an die Klasse, wie die Geschichte wohl weiterführen könnte. Nachdem die Vermutungen der Schüler besprochen worden sind, wird das zweite Bild an die Tafel gehängt. Nun erfolgt wiederum eine genaue und detaillierte Beschreibung durch die Schüler und er fordert sie auf, die Geschichte anhand der beiden Bilder weiterzuerzählen.

3. Bild bildet den Schluß der Geschichte.

Variation:

1. Schüler schreibt nach dem ersten Bild eine eigene Geschichte.
2. SS spielen die Geschichte als Rollenspiel nach.

Stichwort: BÜCHER RATEN

Ziel: Vertiefung der Ausdrucksfähigkeit.

Fächer: Deutsch

Klassenstufe: Ab 4

Voraussetzung: Keine

Sozialform: Klassenverband in Kreisform

Zeit: Beliebig

Material: Kein

Vorbereitung: Keine

Durchführung: Es sollen Bücher und ihre Verfasser erraten werden. Das Spiel geht reihum, und jeder Schüler kann zeigen, was er gelesen und in Erinnerung behalten hat. Er trägt aus dem von ihm gewählten Buch ein oder zwei Sätze vor, anhand dessen die anderen das Buch und den Autor erraten müssen.

Beispiele:

Viele hundert Geschichten muß ein Mädchen Nacht für Nacht erzählen, um einen orientalischen Herrscher von einer Hinrichtung abzuhalten.

Lösung: Geschichten aus 1001 Nacht.

Ein alter Mann, noch rüstig und unternehmungslustig, fängt einen großen Fisch, behält aber nur die Gräten für sich, als er heimkommt.

Lösung: Der alte Mann und das Meer (Ernest Hemingway)

Lit.-Hinweis: Zorn (1978)

Stichwort: ACHT ALBERNE AFFEN

Ziel: Erweiterung des Wortschatzes

Fächer: Deutsch

Klassenstufe: Ab 3

Voraussetzung: Keine

Sozialform: Gruppenarbeit

Zeit: Beliebig

Material: Kein

Vorbereitung: Keine

Durchführung: Es geht darum, Sätze zu bilden mit mindestens fünf Wörtern. Jedes dieser Wörter soll mit demselben Anfangsbuchstaben beginnen. Die Spielleiter jeder Gruppe losen die Buchstaben unter sich aus. Q, X und Y werden ausgenommen. Nun geht das Satzbauen los. Wenn eine Gruppe fertig ist, müssen alle anderen auch abbrechen. Man kann für die Sieger auch Punkte verteilen. Die Sätze können völlig unsinnig sein, müssen aber grammatisch vollständig und richtig sein.

Lit.-Hinweis: Zorn (1978)

<u>Stichwort:</u> REPORTERSPIEL

<u>Ziel:</u> Phantasieanregung, Redegewandtheit, Zusammenarbeit.

<u>Fächer:</u> Deutsch

<u>Klassenstufe:</u> Ab 3

<u>Voraussetzung:</u> Keine

<u>Sozialform:</u> Gruppenarbeit

<u>Zeit:</u> Beliebig

<u>Material:</u> Fotos und Bilder aus Illustrierten, Scheren, 5-7 Bilder je Gruppe

<u>Vorbereitung:</u> Zeitschriften und Illustrierte mitbringen.

<u>Durchführung:</u> Die Schüler werden in kleine Gruppen zu etwa 5 Schülern aufgeteilt und erhalten die Aufgabe, die Bilder in die richtige Reihenfolge zu bringen und daraus eine Reportage aufzustellen. Aus der Gruppe wird dann ein Reporter gewählt, der die Reportage vorträgt, möglichst auch im Reporterstil. Auswertung der verschiedenen Vorträge.

Stichwort: DETEKTIV

Ziel: Beschreibung üben

Fächer: Deutsch

Klassenstufe: Ab 3

Voraussetzung: Keine

Sozialform: Klassenverband

Zeit: 30 - 40 Minuten

Material: Papier, Stifte

Vorbereitung: Keine

Durchführung: Jeder Schüler schreibt auf seinen Zettel genau, was er anhat, verändert nur ein einziges Stück (Detail) in seiner Beschreibung. Die Zettel werden eingesammelt und gemischt. Jeder Schüler zieht der Reihe nach einen Zettel und liest vor, die anderen (er selbst auch) raten, auf wen die Beschreibung paßt.

Stichwort: RATE MAL ...

Ziel: Beschreibung eines Gegenstandes, freies Sprechen, Zuhören, Zusammenfügen einzelner Informationen zu einem Ganzen.

Fächer: Deutsch (bei entsprechender Sprachfertigkeit auch andere Sprachen).

Klassenstufe: Ab 3

Voraussetzung: Keine

Sozialform: Gruppen

Zeit: Beliebig

Material: Gegenstand

Vorbereitung: Schüler bringen kleine, möglichst originelle Gegenstände mit.

Durchführung: Jeder Schüler hat einen Gegenstand, den er vor seinen Gruppenmitgliedern geheim hält. Jedes Mitglied soll seinen Gegenstand den anderen beschreiben, ohne daß es die Gestik zu Hilfe nimmt. Die Zuhörer notieren zum Schluß den ihrer Vermutung nach beschriebenen Gegenstand.
Nachdem jeder Schüler seinen Gegenstand vorgestellt hat, werden die Ergebnisse ausgetauscht. Die Schüler können so in der Gruppe die Schwierigkeiten einer Beschreibung erkennen und sie gemeinsam zu lösen versuchen.

Variation:

1. Es kann nach jeder Beschreibung das Ergebnis der anderen genannt werden.
2. Die Gegenstände, die mitgebracht wurden sollen/können einem Thema zugeordnet werden.

Stichwort: CHARAKTERISIERUNG

Ziel:
1. Der Schüler soll einen Gegenstand beschreiben können.
2. Jeder Schüler muß sich zu jedem Gegenstand mindestens einmal artikulieren.
3. Der Schüler soll sich konzentrieren, damit er nicht schon vorher Gesagtes noch einmal wiederholt.

Fächer: Deutsch

Klassenstufe: Ab 1

Voraussetzung: Keine

Sozialform: Gruppen

Zeit: 15 Minuten

Material: Jeder Schüler soll einen - möglichst kleinen - Gegenstand mitbringen.

Vorbereitung: Keine

Durchführung: Der Gegenstand eines Schülers wird auf den Tisch gelegt. Reihum muß jeder Schüler mindestens einen Satz sagen, der den Gegenstand beschreibt. Der Schüler, dessen Gegenstand auf den Tisch gelegt wurde, beginnt mit dem ersten Satz und muß all die genannten Sätze stichpunktartig aufschreiben.
Die anderen Schüler legen dann nacheinander ihren Gegenstand auf den Tisch.

Variation:

1. Wiederholt ein Schüler vorher Gesagtes, so muß er für den nächsten Gegenstand die Sätze stichwortartig notieren.

2. Die vorher genannten Sätze müssen von jedem Schüler stets wiederholt werden.

3. Bei jedem genannten Satz zur Beschreibung des bestimmten Gegenstandes wird untersucht, welcher andere Gegenstand noch diese Eigenschaft hat.

Stichwort: WAS EINEM SO ALLES PASSIEREN KANN

Ziel: Ausdrucksfähigkeit üben

Fächer: Deutsch

Klassenstufe: Ab 2

Voraussetzung: Keine

Sozialform: Gruppen

Zeit: ca. 30 Minuten

Material: Schreibmaterial

Vorbereitung: Keine

Durchführung: Jeder Schüler innerhalb der Gruppe denkt sich eine Geschichte unter dem Motto aus: was mir schon passiert ist oder was mir passieren kann.
Diese reale oder auch Phantasiegeschichte erzählt der Schüler (ca. 2 Minuten) seinen Mitschülern und läßt den Ausgang der Geschichte offen. Die Mitschüler haben zwei Minuten Zeit, sich einen positiven Ausgang für diese Geschichte auszudenken. Dann geben sie nacheinander ihren "Rat" bekannt. Danach erzählt der nächste Schüler seine Geschichte.
Die Schüler dürfen sich Notizen machen.

Variation: Die Schüler denken sich fächerbezogene Geschichten aus.

Stichwort: ROLLENSPIEL

Ziel: Argumentationsübung

Fächer: Deutsch

Klassenstufe: Ab 4

Voraussetzungen: Keine

Sozialform: Gruppen

Zeit: ca. 45 Minuten

Material: Papier, Schreibmaterial

Vorbereitung: Erfinden einer Konfliktsituation, an der maximal 4 Personen beteiligt sind. Vorbereiten von je einem Arbeitsbogen für jede Gruppe. Der Arbeitsbogen beinhaltet eine Szene, in der die Konfliktsituation entsteht, ferner einige Fragen zum Verständnis des Textes.

Durchführung: Die Klasse wird in Gruppen zu höchstens 4 Kindern eingeteilt. Die Arbeitsbögen werden verteilt. Nachdem die Kinder sich mit der Konfliktsituation vertraut gemacht und die Verständnisfragen unter sich besprochen haben, bekommen sie die Aufgabe, die Situation "weiterzuspinnen" und stichhaltige Argumente für jede einzelne an der Problemsituation beteiligte Person zu finden, die deren Position in dem Geschehen rechtfertigen bzw. verteidigen. Danach versucht jede Gruppe, die gefundenen Argumente in einem Rollenspiel darzustellen, in dem sie selber die Rollen der betreffenden Personen übernehmen.

Stichwort: BILDGESCHICHTE

Ziel: Übung des schriftlichen Ausdrucks

Fächer: Deutsch, Englisch, Französisch

Klassenstufe: Ab 3

Voraussetzung: Keine

Sozialform: Gruppen

Zeit: ca. 45 Minuten

Material: Schreibpapier, Schreibmaterial

Vorbereitung: Aussuchen von 2-4 inhaltlich zusammenhängenden Bildern. Die Bilder werden entweder ungeordnet auf ein Blatt Papier fotokopiert, so daß jeder Schüler sein eigenes Arbeitsmaterial hat. Eine andere Möglichkeit wäre, die Bilder auf DIN A2 Papier zu malen und an die Tafel oder an eine Wand zu hängen, wo sie für jeden Schüler sichtbar sind.

Durchführung: Die Klasse wird in Gruppen zu höchstens 5 Kindern eingeteilt. Die Bilder sollen besprochen werden; dann sollen die Schüler eine kurze Geschichte zu den Bildern erfinden und aufschreiben. Danach wird die Geschichte der gesamten Klasse vorgelesen, schwierige Satzkonstruktionen gegebenenfalls an die Tafel geschrieben und dort korrigiert.

Variation: Bilder werden mit Text vorgegeben, ergeben aber keine ganze Geschichte. Der Schluß muß von den Schülern erfunden werden.

Stichwort: ALTE FOTOS

Ziel: Übung der freien Rede innerhalb einer Gruppe.

Fächer: Deutsch

Klassenstufe: Ab 1

Voraussetzung: Keine

Sozialform: Gruppenarbeit

Zeit: 20 - 30 Minuten

Material: Fotografien

Vorbereitung: Keine

Durchführung: Jeder Schüler bringt von zu Hause eine alte Fotografie von sich mit.
Ein Gruppenmitglied versucht eine Situation zu schildern, in der das Foto entstanden sein könnte.
Anschließend berichtet der Schüler, wie die Situation tatsächlich war.

Stichwort: WER IST DAS

Ziel: Beschreibungs- und Wortschatzübung

Fächer: Deutsch

Klassenstufe: Ab 3

Voraussetzung: Keine

Sozialform: Beliebig

Zeit: 10 - 15 Minuten

Material: Kein

Vorbereitung: Keine

Durchführung: Jeder Schüler sucht sich heimlich einen Mitschüler aus, den er versucht zu charakterisieren, und zwar nur mit Eigenschaftswörtern. Er hat eine bestimmte Zeit zur Verfügung, in der er überlegen und sich die zutreffenden Wörter notieren kann. Wenn er an der Reihe ist, liest er sie nachher vor, und die anderen Mitschüler müssen herausfinden, welcher Mitschüler gemeint war.

Variation: Diese Übung kann auch mit anderen Wortarten durchgeführt werden. Außerdem könnte sich jeder Schüler selbst mit einer bestimmten Wortart charakterisieren und auf einen Zettel schreiben. Die Zettel werden eingesammelt und gemischt wieder verteilt. Jeder muß nun den Mitschüler finden, dessen Zettel er hat. Wer seinen Partner nicht gefunden hat, meldet sich, und alle suchen gemeinsam.

B E S T I M M U N G S Ü B U N G E N

Stichwort: SATZTEIL- UND WORTARTBESTIMMUNG

Ziel: Das richtige Zuordnen der Fachtermini soll geübt werden.

Fächer: Deutsch

Klassenstufe: Ab 5

Voraussetzung: Die Schüler müssen bereits die grammatikalischen Bestandteile des Satzes gelernt haben. Außerdem ist die Kenntnis der Wortarten Voraussetzung für diese Übung.

Sozialform: Beliebig

Zeit: 15-20 Minuten

Material: Für jeden Schüler je ein Blatt mit Raster.

Vorbereitung: Anfertigung eines Rasters (siehe Beispiel)

Durchführung: Jedes Kind erhält ein Blatt und soll das Raster ausfüllen. Der Lehrer überträgt in der Zwischenzeit das Raster auf die Tafel. Sind alle Schüler mit dem Ausfüllen fertig, so werden die Ergebnisse an die Tafel geschrieben. Damit kann gleichzeitig eine Besprechung verbunden werden.

Variation: Man gibt einen Text vor und läßt die Schüler die Satzteile und Wortarten erkennen und unterstreichen.

Muster für das Raster

SATZ	SATZTEIL	WORTART
Wir	Subjekt	Personal Pronomen
machen	Prädikat	Verb
einen	akk.Objekt	unbest. Artikel
Ausflug		Substantiv

Stichwort: WÖRTERRATEN (1)

Ziel: Erlernen von Worteigenschaften

Fächer: Deutsch

Klassenstufe: Ab 3

Voraussetzung: Keine

Sozialform: Gruppen von etwa 10 Schülern

Zeit: Beliebig

Material: Kein

Vorbereitung: Keine

Durchführung:

a) Die Gruppen setzen sich zusammen und bestimmen einen Schüler aus ihrer Gruppe.

b) Dieser Schüler denkt sich einen Begriff und schreibt ihn auf einen Zettel. (Der Zettel dient der späteren Kontrolle)

c) Die anderen Schüler stellen nun Fragen nach Eigenschaften des Wortes, z.B. Verb oder Substantiv? Verb der Bewegung? Beschreibt es eine schnelle Bewegung? etc.

d) Wenn das Wort erraten ist, darf derjenige, der es erraten hat, sich ein neues Wort ausdenken.

Variation: Ein Gruppenmitglied schreibt die erkannten Eigenschaften des gesuchten Wortes auf und der Lehrer sammelt diese Zettel nach dem Spiel ein und bespricht mit der Klasse die Ergebnisse.

<u>Stichwort:</u> WÖRTERRATEN (2)

<u>Ziel:</u> Lesen lernen und Kombinieren, Schulen des Vorstellungsvermögens von Worten, Phantasie anregend.

<u>Fächer:</u> Deutsch

<u>Klassenstufe:</u> Ab 1

<u>Voraussetzung:</u> Die Schüler müssen bereits einige Buchstaben und Wörter kennen.

<u>Sozialform:</u> Klassenverband

<u>Zeit:</u> Beliebig, je nach Anzahl der Wörterstreifen.

<u>Material:</u> Schmale Papierstreifen mit Abdeckblatt; auf die Papierstreifen werden einfache Wörter geschrieben.

<u>Vorbereitung:</u> Herstellung der Papierstreifen

Durchführung: Der Lehrer oder ein Schüler hält den Wörterstreifen verdeckt hoch. Er beginnt die Abdeckung langsam wegzuziehen, so daß die einzelnen Buchstaben nacheinander erscheinen.

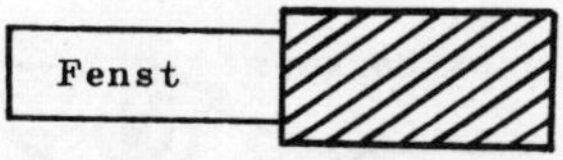

Die Schüler sollen die Buchstaben lesen, aneinanderkoppeln und so das Wort erraten. Der Schüler, der das Wort als erster erkannt hat, darf den nächsten Wörterstreifen vorführen und so fort.

Lit.-Hinweis: HOLSTEIN (1976)

Stichwort: SATZTEILE

Ziel: Erkennen von Satzteilen

Fächer: Deutsch

Klassenstufe: Ab 5

Voraussetzung: Keine

Sozialform: Kleingruppe oder Partner

Zeit: Beliebig

Material: Kein

Vorbereitung: Keine

Durchführung: Die Partner sitzen einander gegenüber.

a) Der Lehrer gibt an, aus welchen Satzteilen sich die Antworten zusammensetzen dürfen.

b) Ein Partner stellt dem anderen Fragen, die sich sowohl auf den Partner als auch auf andere Gebiete beziehen dürfen.

c) Der andere Partner darf diese Fragen nur mit Hilfe der vom Lehrer zugelassenen Satzteile beantworten.

d) Nach einer vorher festgesetzten Zeit werden die Rollen getauscht.

Bei diesem Spiel mit Kleingruppen können entweder mehrere Schüler einen fragen oder ein dritter Schüler kontrolliert die Fragen und Antworten der beiden Partner.

Variation: Die Antworten dürfen nicht bestimmte Satzteile, sondern vorher festgelegte Wortarten umfassen.

Stichwort: WORTFAMILIE

Ziel: Die Zugehörigkeit von mehreren Begriffen zu einer Wortfamilie soll erkannt werden.

Fächer: Deutsch

Klassenstufe: Ab 2

Voraussetzung: Keine

Sozialform: Gruppenarbeit (Gruppen von 6 Schülern)

Zeit: 5-15 Minuten, beliebig wiederholbar

Material: Karteikarten

Vorbereitung: Für jede Schülergruppe wird ein "Kartenspiel" hergestellt. Jedes Kartenspiel besteht aus fünf Wortfamilien mit jeweils dem Grundwort und weiteren vier Beispielen. Die Wörter werden auf die Karteikarten geschrieben.

Beispiel: fahren - Fahrer - Fahrzeug - Fahrgast - Fahrschule

spielen - Spieler - Spielzeug - Spielauto - Spiel

laufen - Läufer - Laufbahn - Lauf - Laufgitter

Durchführung: Die Karten werden gemischt und an alle Schüler verteilt. Der Schüler links vom Kartengeber erhält eine Karte mehr und beginnt. Er gibt eine Karte, die nicht in sein Spiel paßt, verdeckt an seinen linken Nachbarn weiter und so fort. Man gibt eine Karte von einer Wortfamilie, von der man am wenigsten Wortbeispiele auf der Hand hat, weiter (im günstigsten Fall eine Einzelkarte). Hat ein Schüler nun ein Quartett einer Wortfamilie zusammen, legt er seine Karten auf den Tisch; die Mitspieler müssen ebenfalls sofort ihre Karten hinlegen. Derjenige, der sie zuletzt auf den Tisch legt, ist "Schlafmütze".

Stichwort: WORTARTENMEMORY

Ziel: Unterscheiden der Wortarten Nomen - Adjektiv - Verb

Fächer: Deutsch

Klassenstufe: Ab 2/3

Voraussetzung: Keine

Sozialform: Gruppenarbeit (Gruppen von 4-5 Schülern)

Zeit: ca. 20 Minuten

Material: Wortkarten (gut eignen sich Karteikarten)

Vorbereitung: Für jede Schülergruppe werden 40-60 Wortkarten hergestellt, die mit unterschiedlichen Nomen, Adjektiven und Verben beschriftet werden. Die Nomen sollten sowohl im Singular als auch im Plural, die Adjektive sowohl in den Grund- als auch in den Steigerungsformen und die Verben sowohl im Infinitiv als auch in konjugierter Form vorkommen.

Durchführung: Die Wortkarten werden gemischt und verdeckt so auf den Tisch gelegt, daß keine Karte auf der anderen liegt. Ein Schüler beginnt und deckt zwei Karten auf. Gehören die beiden Karten einer Wortklasse an (Nomen-Nomen, Adjektiv-Adjektiv, Verb-Verb), darf der Schüler das Kartenpaar beiseite legen und nochmals zwei Karten aufdecken. Gehören die beiden Karten jedoch unterschiedlichen Wortklassen an, so muß er sie verdeckt wieder auf den Tisch legen, und der nächste Schüler ist an der Reihe. Das Spiel ist beendet, wenn alle Karten aufgedeckt wurden. Sieger ist derjenige, der die meisten Kartenpaare aufdecken konnte.

Variation: Der Schwierigkeitsgrad des Spiels wird gehoben, wenn nur solche Paare abgelegt werden dürfen, die auch von ihrer "äußeren Form" her übereinstimmen. Das bedeutet, daß z.B. die beiden Nomen, die aufgedeckt werden, auch in gleicher Zahl (Singular oder Plural) erscheinen müssen.

Stichwort: WORTSCHATZ

Ziel: Vergrößerung des Wortschatzes und Training des Kurzzeitgedächtnisses.

Fächer: Deutsch

Klassenstufe: Ab 3

Voraussetzung: Keine

Sozialform: Gruppen von 5-8 Schülern

Zeit: Beliebig

Material: Kärtchen herstellen

Vorbereitung: Pro Gruppe mindestens ein Kärtchen mit einem allgemein gefaßten Begriff.

Durchführung: Beliebige Gruppenbildung, die Gruppenmitglieder sitzen im Kreis

a) jede Gruppe erhält ein Kärtchen mit einem Oberbegriff (z.B. "Haus")
b) ein Schüler nennt einen Unterbegriff (z.B. "Hütte"), sein Nachbar den vorangegangenen und einen neuen Begriff (z.B. "Haus-Hütte-Kate"), der nächste Schüler fügt einen weiteren hinzu.

Wer einen Begriff vergißt oder keinen neuen hinzuzufügen weiß, scheidet aus.

Variation:
1. Nach einer vom Lehrer bestimmten Zeitspanne werden die Karten unter den Gruppen getauscht.
2. Die Reihenfolge wird nicht nach der Sitzordnung bestimmt, sondern durch das Werfen eines Balles oder das Drehen einer Flasche.

3. Es werden nicht Unterbegriffe zu einem Oberbegriff gesucht, sondern Worte mit gleichen Rechtschreibproblemen, z.B. Worte mit "eh".

Bestimmungs-
übungen

Stichwort: WORTBAUSTEINE

Ziel: Begriffszusammensetzung und Anregung der Phantasie

Fächer: Deutsch

Klassenstufe: Ab 3

Voraussetzung: Keine

Sozialform: Hufeisen

Zeit: Beliebig

Material: Kein

Vorbereitung: Die Schülergruppe, die etwas vorführt, berät sich vorher (zu Hause oder vor der Stunde) und verteilt die Rollen.

Durchführung: Eine Schülergruppe überlegt sich einen Begriff, der aus mehreren Worten zusammengesetzt ist und versucht diese einzelnen Worte darzustellen. Die übrigen Schüler müssen versuchen, diesen zusammengesetzten Begriff zu erraten, z.B. "Blinddarmoperation":

1. Wort: blind
2. Wort: Darm
3. Wort: Oper
4. Wort: Ration.

Jedes einzelne Wort wird nacheinander von der spielenden Schülergruppe dargestellt.

Variation: Mit diesem Spiel lassen sich auch nicht zusammengesetzte Begriffe, wie z.B. "Baum", "Haus" usw. darstellen.

Stichwort: LAUTSCHULUNG

Ziel: Unterscheiden können zwischen Lang- und Kurzvokalen.

Fächer: Deutsch

Klassenstufe: Ab 3

Voraussetzung: Keine

Sozialform: Gruppenarbeit (Gruppen von 4-5 Schülern)

Zeit: ca. 10 Minuten

Material: Mehrere Würfel und Karteikarten

Vorbereitung: Für jede Schülergruppe benötigt man einen Würfel und 40 Wortkarten, auf denen Wörter mit langem und kurzem Vokal stehen.

Durchführung: Jeder Mitspieler erhält je drei Wortkarten, die er offen vor sich auf den Tisch legt. Die restlichen Karten werden verdeckt im Stapel in die Mitte gelegt. Es wird reihum gewürfelt. Würfelt ein Spieler eine 1, 2 oder 3, darf er alle diejenigen Karten ablegen, die einen kurzen Vokal haben.
Er nimmt sich darauf vom Stapel so viele Karten, wie er abgelegt hat, so daß er wieder drei Karten vor sich liegen hat. Hat der Spieler keine Karte mit kurzem Vokal, so muß er aussetzen. Würfelt der Spieler eine 4, 5 oder 6, darf er alle diejenigen Karten ablegen, die einen langen Vokal haben. Das Spiel ist beendet, wenn der Stapel abgebaut ist und ein Mitspieler keine Karten mehr hat. Derjenige, der die meisten Karten ablegen konnte, hat gewonnen.

Stichwort: WORTFELDDOMINO

Ziel: Gelerntes festigen; Förderung der Phantasie und der Ausdrucksfähigkeit.

Fächer: Deutsch, Fremdsprachen

Klassenstufe: Ab 3

Voraussetzung: Keine

Sozialform: Klassenverband

Zeit: 15 Minuten

Material: Kein

Vorbereitung: Keine

Durchführung: Der Lehrer schreibt ein Wort aus einem Wortfeld an die Tafel. Die Schüler versuchen jetzt Worte zu finden, deren Anfangsbuchstaben sich an das gegebene Wort ansetzen lassen und aus dem gleichen Feld stammen.
Z.B.:

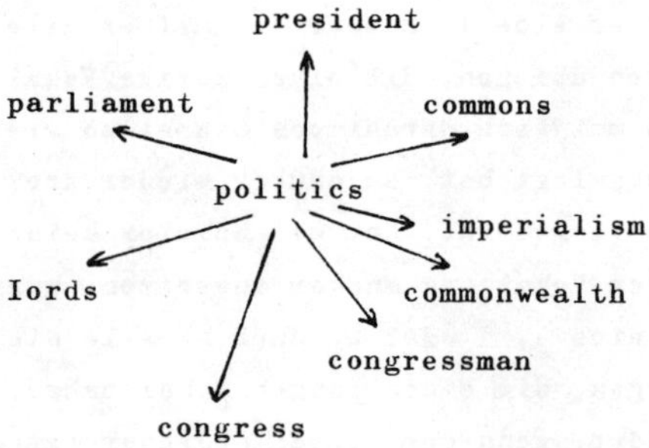

Variation: Als weitere Aufgabe könnten die Kinder versuchen, aus allen Worten eine Geschichte zu erfinden, sofern das Wortfeld es zuläßt.

Stichwort: SCRABBLE

Ziel: Kreativität, Wortschatzerweiterung

Fächer: Deutsch

Klassenstufe: Ab 4

Voraussetzung: Keine

Sozialform: Klassenverband

Zeit: Beliebig

Material: Tafel und Kreide

Vorbereitung: Keine

Durchführung: Der Lehrer schreibt ein Wort an die Tafel. Die Schüler versuchen nun - einzeln oder in kleinen Gruppen - zu diesem Begriff passende Wörter zu finden, welche nach Kreuzwortart mit dem vorhandenen verbunden werden. Jeder Schüler darf immer nur ein Wort in einem Durchgang "legen", damit alle zum Zug kommen.

Stichwort: WORTWURM

Ziel: Gedächtnisübung und Übung zur Bildung von Substantiven

Fächer: Deutsch

Klassenstufe: Ab 3

Voraussetzung: Keine

Sozialform: Zwei Gruppen

Zeit: Beliebig

Material: Kein

Vorbereitung: Keine

Durchführung: Der Lehrer nennt ein zusammengesetztes Substantiv wie z.B. Bahnhof. Die Gruppe, die zuerst ein Substantiv findet, das mit dem letzten Wort (hier: Hof) beginnt, erhält einen Punkt. Nennt ein Schüler dieser Gruppe z.B. das Wort Hoftür, so muß nun ein Wort gesucht werden, das mit Tür beginnt.
Sieger ist die Gruppe, die in einer bestimmten Zeit die meisten Punkte erhielt.

GRAMMATISCHE ÜBUNGEN

Stichwort: PLURALMEMORY

Ziel: Erlernen der Pluralbildung, Sprecherziehung.

Fächer: Deutsch

Klassenstufe: Ab 1

Voraussetzung: Keine

Sozialform: Gruppenarbeit

Zeit: Beliebig

Material: Je Gruppentisch ca. 20 Kärtchen
Die Karten können aus einem Memoryspiel oder einem Bilderlotto sein. Es sollen aber nur Einzelgegenstände dargestellt sein.
2 Kartons oder Schalen je Gruppentisch.

Vorbereitung: Eventuell Selbstherstellen der Bildkärtchen
Man kann die Karten aber auch mit Hilfe der Schüler leicht selbst herstellen. Dazu schneidet man Gegenstände, die für den Unterricht relevant sind, aus einem Katalog oder Prospekt aus.
Diese Bilder werden auf die Kärtchen (evtl. alte Spielkarten) geklebt.

Durchführung: Die Karten werden gut gemischt und verdeckt in einen flachen Karton, eine Schale oder ähnliches gelegt.
Die Schüler nehmen sich nacheinander eine Karte, benennen gleich den Gegenstand und bilden die Mehrzahl. Bei richtiger Antwort darf der Schüler das Kärtchen behalten. Bei falscher Antwort wird die Karte in die zweite leere Schale gelegt. Sind alle Karten aus dem ersten Karton gezogen, ziehen die Schüler die Karten aus der zweiten Schale. Dieses Verfahren wird solange wiederholt, bis alle Kärtchen gezogen sind. Sieger ist, wer die meisten Karten hat.

<u>Variation:</u>

1. Die Schüler nennen die entsprechenden Artikel zum Singular und Plural.
2. Die Schüler setzen ein passendes Adjektiv vor das Substantiv.
3. Die Schüler müssen verwandte Wörter nennen (Wortfamilien).
4. Die Schüler müssen mit Hilfe der Wörter kleine Sätzchen bilden.

Stichwort: KONJUNKTIONEN

Ziel: Konjunktionen verknüpfen Sätze

Fächer: Deutsch

Klassenstufe: Ab 3

Voraussetzung: Keine

Sozialform: Gruppen von 3 Schülern

Zeit: Beliebig

Material: Verschiedenfarbige Karteikarten

Vorbereitung: Auf sieben Karten werden sieben Konjunktionen geschrieben (und, oder, denn, aber, als, weil, daß). Auf vierzehn Karten werden vierzehn Sätze geschrieben. Diese Sätze müssen so gestaltet sein, daß immer zwei eng in einem inhaltlichen Zusammenhang zueinander stehen. Dabei wird der eine Satz mit der Ziffer 1, der andere mit der Ziffer 2 versehen. Die Sätze können so geartet sein, daß sie eine kleine "Geschichte" darstellen.

Beispiel:
1 Ute kommt von der Schule nach Hause.
2 Sie klagt über Bauchschmerzen.
1 Mutter steckt Ute ins Bett.
2 Sie legt ihr ein Heizkissen auf den Bauch.
1 Ute soll schlafen.
2 Die Schmerzen werden immer schlimmer.
1 Ist sie ernsthaft krank?
2 Hat sie sich nur den Magen verdorben?
1 Mutter ruft den Arzt an.
2 Sie macht sich Sorgen.
1 Der Arzt stellt eine Blinddarmentzündung fest.
2 Er untersucht Ute.

1 Der Arzt berichtet der Mutter.
2 Ute muß ins Krankenhaus.

Die Sätze und Konjunktionen können auf verschiedenfarbiges Papier geschrieben werden.

Beispiel: Konjunktionen auf rotes Papier
Sätze mit 1 auf gelbes Papier
Sätze mit 2 auf grünes Papier.

Durchführung: Jeder Schüler der Gruppe erhält sieben Karten: einer die Konjunktionen, einer die Sätze mit der 1, einer die Sätze mit der 2. Die Schüler legen ihre Karten offen vor sich hin. Der Schüler, der die Sätze mit der 1 hat, legt einen beliebigen in die Mitte. Der Schüler mit den 2er Sätzen sucht einen heraus, der zu dem Satz mit der 1 paßt. Der Schüler, der die Konjunktionen hat, versucht nun, eine passende zu finden, die die Sätze sinnvoll miteinander verknüpft. Jede Konjunktion darf dabei nur einmal verwandt werden. Die Schüler dürfen sich gegenseitig helfen und beraten. Die 3er Gruppe, die zuerst ihre Sätze sinnvoll verknüpft hat, ist Sieger. Die Gruppe, die zusätzlich auch die Sätze in die richtige zeitliche Abfolge gebracht hat ("eine Geschichte gelegt hat"), erhält einen Sonderpunkt.

Stichwort: KASTENRÄTSEL

Ziel: Das Rätsel soll zur Übung eines bestimmten Buchstabens dienen. Es erfordert aber auch Phantasie und Kombinationsgabe.

Fächer: Deutsch

Klassenstufe: Ab 3

Voraussetzung: Keine

Sozialform: Beliebig

Zeit: Mindestens 10 Minuten

Material: Zettel mit dem abgebildeten Kastenrätsel

Vorbereitung: Ausdenken eines Kastenrätsels und Vervielfältigung.

Durchführung: Jedes Kind bekommt einen Zettel, der wie folgt aussehen kann:

Plural	Singular
FÜ ___ E	
GRÜ ___ E	
A ___ E	
FÄ ___ ER	
STÖ ___ E	
NÜ ___ E	
KLÖ ___ E	
FLÖ ___ E	

Bei dieser Übung geht es z.B. um den Buchstaben ß bzw. ss. In der ersten Spalte, in der es sich ausschließlich um Pluralworte handelt, sollen sich die Schüler für die ß-Schreibweise bzw. ss-Schreibweise

entscheiden. In der zweiten Spalte sollen sie die dazugehörigen Singulare bilden. Danach dürfen sie mit einem Duden ihre Ergebnisse überprüfen und berichtigen.

Stichwort: SÄTZEPUZZLE

Ziel: Gedacht als grammatische Wiederholungs- bzw. Vertiefungsübung. Die Schüler sollen durch Aneinanderreihung der verschiedenen Kärtchen zu einem vollständigen Satz zeigen, daß sie die einzelnen grammatischen Elemente und deren Beziehung zueinander kennen. Üben und Festigen der Rechtschreibung.

Fächer: Deutsch

Klassenstufe: Ab 3

Voraussetzung: Keine

Sozialform: Die Aufgabe kann in Gruppenarbeit, aber auch von jedem Schüler einzeln gelöst werden.

Zeit: Ist beliebig, das Spiel kann jedoch als Anknüpfungspunkt für die gesamte Unterrichtsstunde dienen.

Material: Kleine Kärtchen

Vorbereitung: Die Kärtchen müssen vorher vom Lehrer mit einzelnen Wörtern (Substantive, Verben, Artikel ...) beschrieben werden, so daß die Schüler daraus einen vollständigen Satz bilden können.

Durchführung: Der Lehrer verteilt an die Schüler eine unbestimmte Anzahl von Kärtchen, die alle Elemente zur Bildung von Sätzen enthalten. Die Schüler haben die Aufgabe, so viele Kärtchen wie möglich in sinnvoller Weise zusammenzusetzen. Haben alle ihre Aufgabe erfüllt, werden die Sätze von den Schülern an die Tafel geschrieben und die grammatisch interessanten Punkte gemeinsam erläutert.

Variation: 1. Ohne Kärtchen! Der Lehrer denkt sich einen langen Satz aus und schreibt die einzelnen

Teile völlig ungeordnet an die Tafel. Gemeinsam werden die Satzelemente bestimmt und in sinnvoller Weise zusammengesetzt.

2. Man nimmt farbige Kartonbögen (am besten eignen sich Karteikarten). Auf diese Karten werden Wörter, bzw. Wortgruppen nach folgendem System geschrieben:
Auf rote Karten werden die Verben und auf grüne Karten die Substantive geschrieben. Jeder Schüler erhält die farbigen Kärtchen. Seine Aufgabe besteht nun darin, die Wörter zu sinnvollen Sätzen in einer Geschehnisfolge zusammenzustellen.
<u>Beispiel:</u> Thema - "Am Morgen"
Der Wecker / Alle / Die Mutter / Die Kinder / Das Kaffeewasser / Der Tisch / klingelt / steht sofort auf / kocht / gähnen erst noch einmal / ist gedeckt / essen und trinken - .
Durch die Farbmarkierungen wird versucht, gleichzeitig ein Gefühl für die Funktionen der betreffenden Satzteile zu entwickeln. Nachdem die Schüler die Wörter und Sätze richtig einander zugeordnet haben, können sie die Geschichte abschreiben, um sich die einzelnen Wörter besser einzuprägen.

3. Man kann von den Kindern zu dem Thema ein Bild malen lassen, so wird die Situation noch lebendiger. Mit diesem Bild ist es möglich, die Kinder einige Tage später in einem "stummen Diktat" die Folge wiederholen zu lassen.

4. Die Folge kann auch in höheren Klassen weitergeführt werden. Hier wird die Satzgliederung durch Ergänzungen und Umstandsbestimmungen weiter differenziert.

Grammatische Übungen

<u>Stichwort:</u> UMKEHRPROBE

<u>Ziel:</u> "Plastische" Anwendung einer grammatischen Regel zur Festigung.

<u>Fächer:</u> Deutsch

<u>Klassenstufe:</u> Ab 4

<u>Voraussetzung:</u> Keine

<u>Sozialform:</u> Gruppenarbeit (ca. 4 Schüler)

<u>Zeit:</u> Beliebig

<u>Material:</u> Plakate aus Karton (ca. 30 x 20 cm)

<u>Vorbereitung:</u> Plakate mit Worten herstellen. Pro Plakat ein Wort. Drei Plakate bilden einen Satz z.B.

der Hund	beißt	den Mann

Durchführung: Die Klasse teilt sich in Gruppen a 4 Schüler auf. Drei Schüler erhalten je ein Plakat, das sie auf Brusthöhe tragen. Sie stellen sich immer wieder um. Nach jedem Umstellen schreibt der vierte Schüler (Schriftführer) den entstandenen Satz auf. Danach wechselt der Schriftführer, das geht solange bis jeder einmal Schriftführer war.

Hinweis: Die Ergebnisse der Gruppen müssen alle besprochen werden, da sich durch die Umstellprobe auch Fragesätze ergeben.

Stichwort: ZAUBERKREIS

Ziel: Grammatikübung, Indikativ - Konjunktiv

Fächer: Deutsch, Fremdsprachen

Klassenstufe: Ab 4

Voraussetzung: Keine

Sozialform: Einzelarbeit, Partnerarbeit, Gruppenarbeit

Zeit: 10-15 Minuten

Material: Zauberkreis

Vorbereitung: Es wird ein Kreis hergestellt; gut eignet sich dafür stärkeres Papier. Der Kreis wird in acht gleiche Teile unterteilt. In die acht Teilstücke werden Indikativformen von Verben geschrieben. Auf die Kärtchen des Außenringes werden die dazugehörigen Konjunktivformen geschrieben.

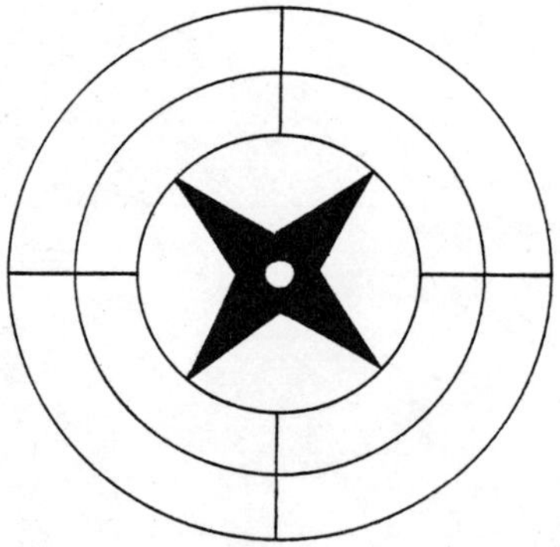

Durchführung: Die Aufgabe der Schüler ist jetzt, die richtigen Konjunktivformen den Indikativformen zuzuordnen.

Variation: 1. Das Erkennen von Wortfamilien
z.B.: fahren - Fahrkarte - Fahrrad - Fahrbahn
Die Schüler müssen die Kärtchen so legen, daß die Wortfamilien jeweils in einer Linie liegen.

2. Üben von Vokabeln
Die Schüler müssen den Vokablen die deutsche Bedeutung zuordnen.

Stichwort: SCHREIBSTAFETTE

Ziel: Konzentration, Kooperation

Fächer: Deutsch

Klassenstufe: Ab 4

Voraussetzung: Keine

Sozialform: Gruppen

Zeit: Beliebig

Material: Tafel und Kreide

Vorbereitung: Keine

Durchführung: Es werden 2-3 Mannschaften zu je 10 Personen gebildet. Die Mannschaften stellen sich in einer Entfernung von 3-4 m von der Tafel hintereinander auf. Der erste Spieler jeder Gruppe bekommt ein Stück Kreide. Auf das Kommando des Spielleiters läuft er zur Tafel, schreibt ein Wort darauf, läuft dann zu seiner Mannschaft zurück und übergibt dem 2. Spieler die Kreide. Dieser läuft ebenfalls nach vorn und fügt ein weiteres Wort hinzu und so fort, daß am Ende der Staffel ein vollständiger, sinnvoller Satz an der Tafel steht. Dieser Satz muß am Schluß mindestens ebensoviele Worte wie Spieler in der Gruppe sind haben. (Jeder zurückgekommene Spieler schließt sich am Ende seiner Reihe an, die anderen rücken vor.) Die Gruppe, die ihren vollständigen Satz zuerst fertig hat, ist Sieger.

Lit.-Hinweis: Schwalbacher Spielkartei (1977)

Stichwort: SANDWICH-METHODE

Ziel: Grammatikübung, Erkennen von Wortarten.

Fächer: Deutsch

Klassenstufe: Ab 3

Voraussetzung: Substantiv, Adjektiv, Verb, Artikel.

Sozialform: Gruppenarbeit, Klassenverband

Zeit: 10-20 Minuten

Material: Alte Zeitungen, dickschreibender Filzstift.

Vorbereitung: Auf die Doppelseiten der alten Zeitungen werden die Oberbegriffe: "Substantiv", "Adjektiv", "Verb", "Artikel", ... geschrieben.
Auf die anderen Zeitungen werden Beispiele hierfür geschrieben.
In die Mitte jeder Zeitungsseite schneidet man ein Loch, damit der Kopf durchpaßt.

Durchführung: Jeder Schüler bekommt eine Zeitung umgehängt und bildet so ein "Sandwich".

Die Kinder mit den Oberbegriffen auf den Zeitungen verteilen sich im Raum, und die anderen Schüler müssen sich ihnen nach den Wortarten zuordnen.

Stichwort: DER GOLDFISCH SINGT

Ziel: Vertiefung der Grammatik,
Erweiterung des Wortschatzes.

Fächer: Deutsch

Klassenstufe: Ab 3

Voraussetzung: Keine

Sozialform: Klassenverband, Gruppen in Kreisform.

Zeit: Beliebig

Material: Je Schüler ein DIN A4 Zettel und ein Schreibstift.

Durchführung: Die Schüler in Kreisform an Tischen. Auf Ansage des Lehrers schreiben die Schüler zuerst ein Substantiv mit Artikel auf ihren Zettel. Dann wird das Blatt umgeknickt und an den Nachbarn weitergegeben. Als nächstes schreibt jeder ein Verb in der 3. Person Sing. auf. Wieder wird das Blatt umgeknickt und weitergegeben. Dann folgt ein Adjektiv, dann eine Präposition, schließlich noch einmal ein Substantiv mit Artikel. Nun wird ein letztes Mal weitergegeben. Hier werden die Zettel auseinandergefaltet und die entstandenen Sätze vorgelesen.

G E M I S C H T E S

<u>Stichwort:</u> TEEKESSELCHEN

<u>Ziel:</u> Synonyme finden

<u>Fächer:</u> Deutsch

<u>Klassenstufe:</u> Ab 1

<u>Voraussetzung:</u> Den Schülern müssen die Begriffe bekannt sein.

<u>Sozialform:</u> Beliebig

<u>Zeit:</u> Beliebig

<u>Material:</u> Kein

<u>Vorbereitung:</u> Keine

<u>Durchführung:</u> Zwei oder mehr Schüler verlassen den Raum und suchen sich ein sinnverwandtes Wortpaar aus (Schloß - Schloß). Ohne das Wort zu nennen, müssen sie versuchen, ihr Teekesselchen so darzustellen, daß die Mitschüler die Synonyme raten können. Sie müssen charakteristische Eigenschaften nennen.

<u>Variation:</u>

1. Berufe darstellen, die erraten werden müssen.
2. Tiere darstellen, die erraten werden müssen.

Stichwort: BANDWURMSATZSPIEL

Ziel: Erhöhung der Konzentration

Fächer: Deutsch

Klassenstufe: Ab 1

Voraussetzung: Keine

Sozialform: Gruppenarbeit oder Klassenverband

Zeit: Beliebig

Material: Pfandkärtchen

Vorbereitung: Pfandkärtchen schneiden

Durchführung: Jeder Schüler sagt nacheinander ein neues Wort, wobei er die vorher gesagten Wörter wiederholen muß.

Beispiel:

1. Schüler	2. Schüler	3. Schüler	4. Schüler	5. Schüler	usw.
Ich	Ich	Ich	Ich	Ich	
	gehe	gehe	gehe	gehe	
		morgen	morgen	morgen	
			zum	zum	
				Reiten	

Wenn ein Schüler etwas falsch sagt, muß er ein Pfandkärtchen abgeben. Wer die wenigsten Kärtchen abgegeben hat, hat gewonnen.

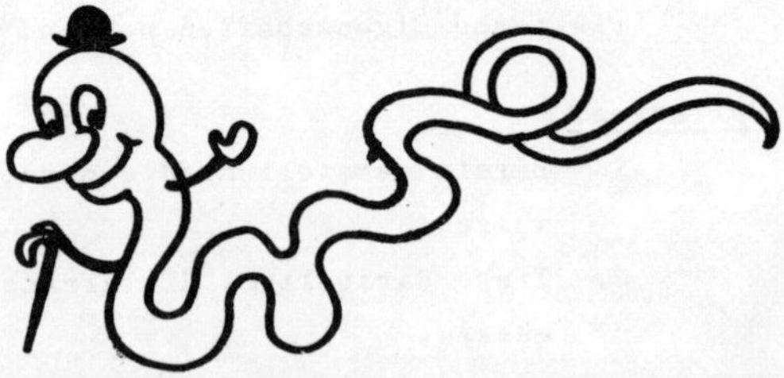

Stichwort: WIR BAUEN EIN HAUS

Ziel: Die Schüler sollen auf das Unterrichtsthema eingestimmt werden. Ferner sollen sie motiviert werden, über die Buchstaben bzw. die Schreibweise von Wörtern nachzudenken. Training des logischen Denkvermögens bzw. der Kombinationsfähigkeit.

Fächer: Deutsch

Klassenstufe: Ab 1

Voraussetzung: Betrifft das 1. Schuljahr: Die Schüler müssen grundsätzlich das Lesen und die Buchstabenbezeichnungen beherrschen.

Sozialform: Beliebig

Zeit: 5 Minuten

Material: Tafel und Kreide

Vorbereitung: Keine

Durchführung: Der Lehrer denkt sich ein Wort aus und malt für jeden Buchstaben ein Kästchen an die Tafel. Beispiel: "Autobus"

Der Anfangsbuchstabe wird in das Kästchen vorgegeben. Die Schüler sollen nun Buchstaben nennen, die in das gesuchte Wort hineinpassen könnten. Für jeden falschen Buchstaben darf der Lehrer einen Strich an seinem Haus machen. So sieht das Haus aus: (6 Striche)

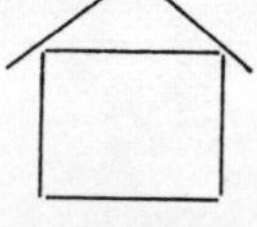

Andernfalls wird der Buchstabe in das entsprechende Kästchen eingetragen. Hat der Lehrer sein Haus fertig gebaut, bevor das Wort erraten ist, so hat er gewonnen; andernfalls die Schüler.

Variation: Ein Schüler denkt sich ein Wort aus und führt selbst den Wettkampf gegen die Klasse durch.

Stichwort: FACHAUSDRÜCKE

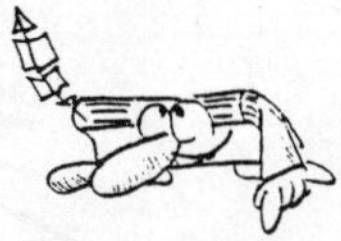

Ziel: Erklären von Fachausdrücken, Fremdwörtern.

Fächer: Deutsch

Klassenstufe: Ab 3

Voraussetzung: Keine

Sozialform: Gruppenarbeit (Gruppen von 4-5 Schülern)

Zeit: 10-20 Minuten

Material: Gelbe und blaue Karteikarten

Vorbereitung: Auf ca. 20 gelbe Karteikarten werden Fachausdrücke (z.B.: Jolle, Mast, Schwert, Pinne, Bug usw.) geschrieben. Die Erklärungen der Fachausdrücke (z.B.: kleines Segelboot) werden auf die blauen Karteikarten geschrieben.

Durchführung: Jede Schülergruppe erhält gleich viele Karten, dann werden sie gemischt. Die eine Hälfte der Karten wird aufgedeckt untereinander auf den Tisch gelegt. Die andere Hälfte der Karten wird gleichmäßig an alle Schüler einer Gruppe verteilt. Im Reihumverfahren müssen die Schüler nun jeweils einen ihrer Begriffe dem richtigen Fachausdruck, oder umgekehrt, zuordnen. Die anderen Schüler müssen dabei aufpassen, daß ihr Mitspieler richtig anlegt. Trifft dieser eine falsche Zuordnung, so muß er die Karte zurücknehmen und warten, bis er wieder an der Reihe ist.

Variation: Dieses Spiel kann auch als Gruppenwettspiel durchgeführt werden. Die Gruppe, die zuerst alle Karten richtig zugeordnet hat, ist Sieger.

<u>Stichwort:</u> ZUBLINZELN

<u>Ziel:</u> Gedächtnis und Konzentrationsvermögen üben

<u>Fächer:</u> Deutsch

<u>Klassenstufe:</u> Ab 3

<u>Voraussetzung:</u> Die Schüler sollen als Hausaufgabe ein Gedicht auswendig gelernt haben.

<u>Sozialform:</u> Stühle werden im Kreis aufgestellt

<u>Zeit:</u> Beliebig

<u>Material:</u> Kein

<u>Vorbereitung:</u> Keine

<u>Durchführung:</u> Bei z.B. 31 Schülern muß der Kreis aus 16 Stühlen bestehen. 15 Schüler setzen sich auf die Stühle, 16 stellen sich hinter je einen. Ein Schüler hat keinen Partner und steht vor einem leeren Stuhl. Er versucht jetzt, durch "Zublinzeln" mit den Augen einen der sitzenden Schüler auf seinen leeren Stuhl zu locken. Die stehenden Schüler müssen die Hände auf den Rücken legen und aufpassen, daß der alleinstehende Schüler nicht seinen sitzenden Partner "wegblinzelt". Dazu darf er seinen Partner bei Gefahr an den Schultern festhalten. Wer nicht aufpaßt oder nicht schnell genug reagiert, dessen sitzender Partner läuft davon und setzt sich auf den freien Stuhl. Jetzt muß der Schüler, dessen Partner davongelaufen ist, einen Vers des Gedichtes aufsagen, und danach muß er sich einen neuen Partner "heranblinzeln". Hat er einen neuen Schüler vor sich sitzen, muß der jetzt alleinstehende Schüler einen Teil des Gedichtes aufsagen. Dann wird gewechselt. Alle sitzenden Schüler stellen sich hin und alle, die gestanden haben, können sich setzen.

Mathematik
1+1
√2
1/523
a²
π

<u>Stichwort:</u> RECHENQUARTETT

<u>Ziel:</u> Übung und Vertiefung der Grundrechenarten; Konzentrationsübung.

<u>Fächer:</u> Mathematik

<u>Klassenstufe:</u> Ab 2

<u>Voraussetzung:</u> Keine

<u>Sozialform:</u> Gruppenarbeit

<u>Zeit:</u> Beliebig

<u>Material:</u> Pro Gruppentisch ein Quartettspiel (32 Karten). Die Karten müssen aus demselben Material sein. Auf die Karten werden Aufgaben geschrieben. Je nach Stoffgebiet Additions-, Subtraktions-, Multiplikations- und Divisionsaufgaben. Jeweils vier Aufgaben ergeben das gleiche Ergebnis, diese Karten bilden dann zusammen ein Quartett.

<u>Vorbereitung:</u> Quartette herstellen

<u>Durchführung:</u> Jeder Gruppentisch erhält ein Quartettspiel. Die Karten werden gemischt und an die Schüler verteilt. Die Schüler müssen nun die Quartette mit gleichem Ergebnis sammeln.
Der Schüler rechts vom Kartengeber erhält eine Karte mehr und beginnt. Er gibt eine Karte, die nicht in sein Spiel paßt, verdeckt an seinen rechten Nachbarn weiter und so fort.
Hat ein Spieler ein "Rechenquartett" zusammen, so legt er seine Karten auf den Tisch und ist der Sieger.

Variation

1. Variation: Das Quartett könnte zu einem Terzett gemacht werden, ebenso könnte es zu einem Sextett erweitert werden.

2. Variation:

Ziel: Grammatikübung; Erkennen von Substantiven, Adjektiven, Verben.

Fächer: Deutsch

Klassenstufe: Ab 2

Sozialform: Gruppenarbeit

Material: Die Karten werden mit Substantiven, Adjektiven, Verben, Artikeln, Personalpronomen etc. beschriftet.

Durchführung: Die Schüler sollen die Quartette mit den gleichen Wortgruppen sammeln.

Stichwort: VIER-ECKEN-SPIEL

Ziel: Schüler sollen in einem kleinen Wettkampf neue Mathematikaufgaben wiederholen und trainieren. Training des Kopfrechnens. Das Spiel soll den Anreiz zum Erlernen auch von neuen Rechenarten erhöhen.

Fächer: Mathematik

Klassenstufe: Ab 1

Voraussetzung: Eine neue Rechenart ist in der Klasse bereits vorbereitet, zumindest aber kurz angesprochen.

Sozialform: Beliebig

Zeit: ca. 5 Minuten, je nach Lust der Schüler

Material: Kein

Vorbereitung: Keine

Durchführung: In jede Ecke der Klasse stellt sich ein Schüler (auf freiwilliger Basis). Der Lehrer stellt dann eine Rechenaufgabe, die es zu lösen gilt. Derjenige Schüler, der die Aufgabe als erster gelöst hat, darf eine Ecke weitergehen (im Uhrzeigersinn). Die nächste Aufgabe folgt. Das Spiel ist beendet, wenn jeder Schüler seine eigene Ecke wieder erreicht hat. Es läßt sich je nach Lust der Schüler mehrmals wiederholen.

Variation: Die Schüler, die im Moment nicht mitspielen, stellen ihren Mitschülern in den Ecken die Aufgaben.

Stichwort: ECKENRECHNEN

Ziel: Schnelles Rechnen in spielerischer Form.

Fächer: Rechnen

Klassenstufe: Ab 3

Voraussetzung: Die Rechenaufgaben müssen schon vorher geübt worden sein.

Sozialform: Beliebig

Zeit: ca. 5 Minuten

Material: Kein

Vorbereitung: Keine

Durchführung: Vier Schüler stellen sich in je eine Ecke des Raumes. Der Lehrer stellt eine Aufgabe. Wer sie ausgerechnet hat, ruft das Ergebnis laut in die Klasse. Wer als erster die Aufgabe richtig ausgerechnet hat, darf eine Ecke weiter gehen. Der Schüler, der dort stand, setzt sich. Wer als letzter stehen bleibt, hat gewonnen.

Variation: In den Ecken können auch mehrere Schüler stehen, die dann erst ihre Ergebnisse vergleichen müssen, bevor sie sie in die Klasse rufen.

Stichwort: RECHENLOTTO

Gefordert wird hierbei, daß die Übereinstimmung zwischen Ergebnis und Aufgabe hergestellt wird.

Ziel: Übung und Vertiefung der Grundrechenarten

Fächer: Mathematik

Klassenstufe: Ab 2

Voraussetzung: Keine

Sozialform: Einzelarbeit, Partnerarbeit

Zeit: Beliebig (je nach Menge der Karten)

Material: Pro Schüler Aufgabenkarten und dazu Ergebniskärtchen

20-14				6
		11-5		6

Vorbereitung: Karten herstellen

Durchführung: Jeder Schüler erhält eine Karte mit Rechenaufgaben und die dazugehörigen Ergebniskärtchen.
Die richtigen Ergebniskärtchen sollen den Rechenaufgaben zugeordnet werden.

Variation:

1. Anzahl der Ergebniskärtchen stimmt nicht mit den Aufgaben überein (z.B. doppelte Anzahl).

2. Auf einen Bogen werden Zahlen geschrieben, auf kleine Kärtchen Rechenaufgaben. Die Rechenaufgaben müssen den Zahlen zugeordnet werden. Es können auch mehrere Aufgaben auf ein Ergebnis fallen.

3. Das gleiche Verfahren kann man auch für den Erdkunde- und Geschichtsunterricht anwenden. Bei diesem Bilderlotto werden die richtigen Bezeichnungen für Gebäude, Denkmäler, Sehenswürdigkeiten, Städten, etc. zugeordnet.

Stichwort: STROHHALME

Ziel: Den Schülern sollen Erfahrungen in der Anordnung von Reihen vermittelt werden. Sie sollen lernen, systematisch an eine Sache heranzugehen, d.h. in diesem Fall zuerst den längsten (oder kürzesten) Strohhalm herauszugreifen und methodisch darauf aufzubauen.

Fächer: Mathematik

Klassenstufe: Ab 1

Voraussetzung: Keine

Sozialform: Beliebig

Zeit: Beliebig

Material: Sechs Trinkhalme

Vorbereitung: Die Schüler bringen von zu Hause sechs Trinkhalme und eine Schere mit.

Durchführung: Der Lehrer weist die Schüler an, einen Trinkhalm in voller Länge zu lassen; vom zweiten 2 cm, vom dritten 4 cm, vom vierten 6 cm abzuschneiden usw., so daß sechs Strohhalme in abgestufter Länge entstehen. Die Schüler sollen die Strohhalme mischen, sie auf den Tisch legen und sie in Treppenstufen anordnen.

Stichwort: WIEVIEL PLATZ BENÖTIGEN WIR ?

Ziel: Begriffe der Mathematik in einer praktischen Situation anwenden.
Flächen berechnen und ausmessen.
Raumaufteilungen unter ökonomischen Gesichtspunkten planen.

Fächer: Mathematik, Sachkunde

Klassenstufe: Ab 4

Voraussetzung: Keine

Sozialform: Gruppenunterricht

Zeit: Beliebig

Material: Zollstöcke

Vorbereitung: Am besten ist es, wenn man einen Architekten zu einem Gespräch in die Klasse einlädt. Dieser kann den Kindern erklären, wie wichtig es ist, Räume effektiv zu nutzen, und er kann ihnen Entwurfszeichnungen zeigen.

Durchführung: Der Lehrer bestimmt einen Teil des Klassenzimmers, der als Verkaufsraum verwendet werden soll. Die Kinder sollen diesen Raum ausmessen. Quadratische und rechteckige Tische sollten als Ladentheken verwendet werden. Auch diese sollten die Kinder ausmessen.
Der Lehrer teilt die Klasse in Gruppen auf, die Architektenteams bilden und verschiedene Anordnungen der Tische auf der Verkaufsfläche planen.

Stichwort: RECHENSKAT

Ziel: Übung und Vertiefung der Grundrechenarten

Fächer: Mathematik

Klassenstufe: Ab 3

Voraussetzung: Keine

Sozialform: Gruppentische (vier Schüler)

Zeit: Beliebig

Material: Für jede Schülergruppe:
24 Aufgabenkarten und 24 Ergebniskarten

Vorbereitung: Für jede Schülergruppe werden 24 Aufgabenkarten und 24 Ergebniskarten hergestellt; am besten eignet sich stabiler Karton. Die Karten müssen alle aus demselben Material sein, die Rückseiten gleich. Der Arbeitsaufwand lohnt sich, da das Spiel eine starke Spannung erzeugt und es gerne gespielt wird.

Durchführung: Die 24 Aufgaben- und Ergebniskarten werden an die vier Schüler der Gruppe verteilt. Jeder Schüler nimmt sechs Lösungskarten in die Hand und legt sechs Aufgabenkarten mit der Rückseite nach oben vor sich hin. Der Reihe nach darf jeder Schüler ein Aufgabenkärtchen umdrehen. Der erste Schüler beginnt und legt das Kärtchen [4 x 5 =] auf den Tisch. Alle müssen sofort das Ergebnis ausrechnen, um festzustellen, ob sie die passende Antwortkarte haben. Nur ein Schüler besitzt die Lösungskarte. Wirft er sie rechtzeitig auf den Tisch, so hat er die Karte "gestochen" und darf beide Karten fortnehmen. Überlegt er zu lange, bleibt er auf seiner Antwortkarte sitzen, und derjenige, der gerade mit dem "Anspielen" an der Reihe ist, gewinnt die einzelne Aufgabenkarte.

Mathematik

Legt ein Schüler eine falsche Karte ab, so gewinnt derjenige drei Karten (die falsche und richtige Antwortkarte und die Aufgabenkarte), der das richtige Ergebnis nennt.
Um ein Hinausschreien des richtigen Ergebnisses zu vermeiden, wird das richtige Ergebnis zuerst vom "Anspielenden" und - falls er es nicht weiß - im Kreis herum der Reihe nach genannt.
Angenommen, der Anspieler legt selbst die falsche Karte, so darf zuerst der zweite Spieler das richtige Ergebnis nennen. Er gewinnt dabei drei Karten.
Auf dreifache Weise können also Karten gewonnen werden:
Eine Karte (Aufgabenkarte), wenn zu lange Zeit verstreicht, bis das Ergebnis genannt wird.
Zwei Karten (Aufgaben- und richtige Lösungskarte), wenn durch die richtige Lösungskarte "gestochen" wird.
Drei Karten (Aufgaben-, falsche und richtige Lösungskarte), wenn eine falsche Karte gelegt und, beim Anspielenden angefangen, im Kreis herum jeder der Reihe nach aufgefordert ist, das richtige Ergebnis zu nennen.
Gewonnen hat am Schluß derjenige, der die meisten Karten besitzt.

Hinweis: Zu regeln ist bei dieser Spielanweisung noch die Zeit. Sie muß so lange dauern, daß auch schwächere Schüler die Aufgabe noch richtig ausrechnen können; sie muß andererseits so begrenzt sein, daß man noch von einem Schnellrechnen sprechen kann.

Gut bewährte sich ein Spruch wie:
"Rechne, rechne einmal 'rum, deine Zeit ist um!"

Derjenige, der anspielt (also die Aufgabenkarte umdreht), sagt den Spruch. Bei "um" legt er die Hand auf die Aufgabenkarte. Jetzt kann sie nicht mehr "gestochen" werden.
Eine andere Möglichkeit, um eine bestimmte Zeit für das Ausrechnen festzulegen, ist das Zählen und Klopfen bis zehn. Dies erwies sich jedoch als störend beim Ausrechnen.

Stichwort: ZAHLENRASTER

Ziel: Wiederholung und Festigung von Addition und Subtraktion

Fächer: Mathematik

Klassenstufe: Ab 3

Voraussetzung: Keine

Sozialform: Einzel- und Gruppenarbeit

Zeit: Beliebig

Material: Projektor mit Arbeitsfolie oder Arbeitsblätter oder Tafelbild

Vorbereitung: Anfertigung einer Arbeitsfolie oder der Arbeitsblätter

Durchführung: Der Lehrer zeigt das Schaubild, das ein Raster aus vielen Kästchen ist. Links unten gehen ein Pfeil nach oben, ein Pfeil nach rechts. In den senkrechten Pfeil nach oben wird die Zahl + 16 eingetragen, die addiert werden soll, in den waagerechten Pfeil nach rechts wird die Zahl - 13 eingetragen, die subtrahiert werden soll. In dem ersten Kästchen links unten muß eine Zahl vorgegeben sein. Die Schüler sollen nun von dieser Zahl aus entweder senkrecht nach oben + 16 addieren oder - 13 subtrahieren.

Variation: Mit Hilfe des diagonalen Rechnens können die Schüler erkennen, daß es immer eine Differenz von + 3, - 3 ergibt.

Stichwort: PARTNER-MITNEHMEN

Ziel: Festigung der Grundrechenarten; Förderung des Sozialverhaltens der Schüler.

Fächer: Mathematik

Klassenstufe: Ab 2

Voraussetzung: Keine

Sozialform: Beliebig

Zeit: Beliebig

Material: Kein

Vorbereitung: Keine

Durchführung: Die ganze Klasse steht auf und es wird eine Rechenaufgabe gestellt. Wer die Lösung weiß, ruft die Antwort und kann sich hinsetzen.
Um nun aber zu vermeiden, daß am Ende immer die gleichen Schüler stehenbleiben, darf jeder, der zuerst eine richtige Lösung wußte, einen Schüler suchen, der sich ebenfalls setzen darf.

<u>Stichwort:</u> ZAHLENQUARTETT (ZAHLENPOKER)

<u>Ziel:</u> Rechenoperationen sollen spielerisch eingeübt werden.

<u>Fächer:</u> Mathematik

<u>Klassenstufe:</u> Ab 2

<u>Voraussetzung:</u> Keine

<u>Sozialform:</u> Gruppenarbeit (4 Schüler)

<u>Zeit:</u> 45 Minuten

<u>Material:</u> Je nach Größe der Klasse 6-8 selbstgefertigte Quartetts (Kunstunterricht: Pro Quartett vier verschiedenfarbige Kartenreihen mit den Ziffern 1 - 20 = 80 Karten) oder ebensoviele "Elfer Raus"-Spiele.

<u>Vorbereitung:</u> Gruppenbildung

<u>Durchführung:</u> In seiner Einführung erinnert der Lehrer die Schüler daran, daß das Spiel fast genauso funktioniert wie das "Schwarzer Peter"-Spiel.
In der Gruppe werden die Karten gemischt und verteilt (10-15 Stück pro Spieler).
Der Spieler, der links vom Geber sitzt, zieht von diesem eine Karte. Zu der gezogenen Karte sucht sich der Schüler aus seinen eigenen eine heraus. Mit den beiden Karten nimmt er dann eine vom Lehrer vorgegebene Rechenoperation vor.
<u>Beispiel:</u> Lehrer sagt vor dem Spiel an:
"Heute nehmen wir mal."
Der Schüler zieht von dem rechten Nachbarn eine Karte mit der Ziffer 17 und sucht sich aus seinem Blatt beispielsweise die Karte mit der Ziffer 5

heraus. Er legt die beiden Karten auf den Tisch und sagt dann: "17 mal 5 gibt 85." Die Mitspieler kontrollieren das Ergebnis. Ist es richtig, so darf der Schüler die beiden Karten ablegen; ist es falsch, so muß er die beiden auf den Tisch gelegten Karten wieder aufnehmen. Streitfälle regelt der Lehrer. Hat der Schüler seine Spieloperation beendet, so zieht der linke Nachbar eine Karte von ihm. Gewonnen hat derjenige, der als erster alle Karten abgelegt hat. Die Ziffern der bei den anderen Spielern verbleibenden Karten werden als Minuspunkte aufgeschrieben. Die Schüler tun also gut daran, mit möglichst hohen Zahlenwerten Rechenoperationen durchzuführen, um am Ende des Spieles Karten mit geringen Werten zu behalten und so das Minuskonto zu entlasten. (Starke Motivation, Schwierigkeiten nicht auszuweichen!)

<u>Variation:</u> Variationsmöglichkeiten für dieses Spiel sind fast unbegrenzt vorhanden. Einige davon seien hier aufgeführt:

1. Lehrer kann Kettenaufgaben mit gemischten Verknüpfungsarten verlangen.
   <u>Beispiel:</u> Der Spieler muß von dem Nachbarn statt einer Karte zwei Karten ziehen, die er mit einer Karte aus dem eigenen Blatt durch eine Multiplikation und einer Subtraktion verbinden muß. "20 mal 5 ist 100, weniger 7 ist 93."

2. Um die Aufgaben schwieriger zu gestalten, kann der Lehrer bestimmen, daß eine oder beide

Karten, die der Schüler zu einer Rechenoperation heranzieht, mit 10 multipliziert wird. Aus einer 15 wird eine 150, aus einer 7 entsteht eine 70. Auf diese Art lassen sich besonders Teilungsaufgaben effektiver gestalten. Bei einer Multiplikation mit 10 pro Kartenpaar können Aufgaben wie 90 : 5 = 18 oder 180 : 15 = 12 zustande kommen. Bei zwei Multiplikationen mit 10 pro Kartenpaar können Aufgaben wie 160 : 80 = 2, 150 · 50 = 7500, 130 - 90 = 40 oder 120 + 170 = 290 zustande kommen.

3. Zusätzlich zu der Multiplikation einer Ziffer mit 10 kann der Lehrer bestimmen, daß eine beliebige Ziffer addiert wird. (Unmathematisch ausgedrückt: Es wird an eine Karte mit beispielsweise der Ziffer 5 eine 6 angehängt, so daß die Zahl 56 entsteht) Aufgaben wie 48 : 12 = 4, 205 · 10 = 2050, 197 - 17 = 180, 178 + 19 = 197 kommen zustande. Diese Regel kann auch von dem Lehrer auf beide Karten des Kartenpaares ausgeweitet werden. Aufgaben wie 200 : 40 = 50, 162 · 122 = 19764, 133 - 121 = 22, 191 + 175 = 366 kommen zustande. Der Lehrer kann die zu addierende(en) Ziffer(n) vorher bestimmen: "Es wird nach der Multiplikation mit 10 immer eine 8 addiert".

<u>Hinweis:</u> Günstig aber nicht unbedingt notwendig ist es, die Schüler bereits in der 2. oder 3. Klasse mit dem Spiel vertraut zu machen, damit bei einem höheren Schwierigkeitsgrad die neuen Spielregeln (Variationen 1 - 3) die Schüler nicht überfordern. Als Einstieg in das Spiel empfiehlt es sich, lediglich Karten mit den Ziffern von 1 bis 10 oder 1 bis 15 zu verwenden.

Bei sehr hohem Schwierigkeitsgrad kann dem Schüler gestattet werden, eine kurze handschriftliche Rechnung vorzunehmen.

Stichwort: ZAHLENBLOCK

Ziel: Verfestigung des Kopfrechnens

Fächer: Mathematik

Klassenstufe: Ab 2

Voraussetzung: Keine

Sozialform: Einzelarbeit in Frontalform

Zeit: 15 Minuten

Material: Zahlenblöcke aus Pappe und Papier

Vorbereitung: Schüler fertigen in der Zeichenstunde aus starker Pappe eine Tafel im DIN-A4 Format. Dann schneiden sie jeweils 3x10 gleichgroße Papierstreifen aus, auf die jeweils die Zahlen von 0-9 geschrieben werden (pro Blatt eine Zahl). Jetzt werden die drei Zahlenblöcke zusammengeklebt und als Einer, Zehner und Hunderter festgelegt.

Durchführung: Lehrer stellt eine Aufgabe aus dem Bereich der 4 Grundrechenarten. Schüler sollen die Aufgabe im Kopf allein lösen und das Ergebnis mit Hilfe der Zahlenblöcke anzeigen. Die Schüler sind daraufhingewiesen worden, sich nicht umzudrehen, um das Ergebnis abzulesen. Dadurch hat der Lehrer optimale Kontrollmöglichkeit, da jeder "dran" ist.

Variation: Der erste Schüler, der das Ergebnis richtig hat, stellt Aufgabe an die Klasse und kontrolliert wie der Lehrer.

Stichwort: RECHEN-DOMINO

Ziel: Die Schüler sollen durch das Spiel zur Unterrichtswiederholung und für den neuen Unterrichtsstoff motiviert werden. Das Spiel bietet außerdem eine Möglichkeit, den Unterricht aufzulockern und trotzdem am Thema weiterzuarbeiten.

Fächer: Mathematik

Klassenstufe: Ab 2

Voraussetzung: Keine

Sozialform: Gruppenarbeit, 4-5 Schüler pro Gruppe

Zeit: 10-15 Minuten

Material: Tonpapier (farbig)

Vorbereitung: Für jede Gruppe müssen 20-25 Kärtchen in der Größe von Dominosteinen angefertigt werden. Jede Rechenart erhält eine eigene Farbe (Addition = rot, Subtraktion = grün). Auf die Kärtchen werden wie folgt Aufgaben geschrieben:

Beispiel: ...	(4) · 7 =	(28) - 12 =	(16) : 4 =	...

Die Anfangszahlen einer Domino-Aufgabe bilden das Ergebnis einer anderen im Spiel vorhandenen Aufgabe. Es empflieht sich daher, die Anfangszahlen einzukreisen, um diese als mögliches Ergebnis deutlich sichtbar zu machen.

Durchführung: Jede Gruppe erhält ein Dominospiel. Die Karten werden auf alle Schüler gleichmäßig verteilt. Nun versucht jede Gruppe die Kärtchen sinnvoll aneinanderzureihen.
Die Kontrolle über die Richtigkeit des Anlegens erfolgt durch die Gruppe, da jeder mitrechnen muß, um seine eigenen Karten so schnell wie möglich loszuwerden.

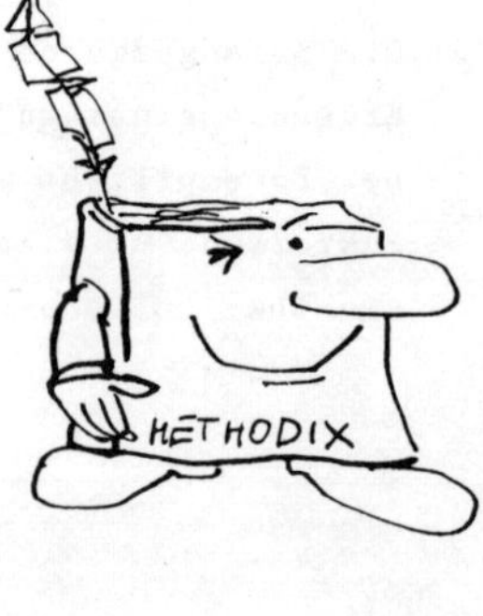

Stichwort: BLINDE KUH

Ziel: Kopfrechentraining

Fächer: Mathematik

Klassenstufe: Ab 2

Voraussetzung: Keine

Sozialform: Klassenverband

Zeit: Beliebig

Material: Ein Schal

Vorbereitung: Umbau des Klassenzimmers, damit eine möglichst große Fläche entsteht.

Durchführung: Einem Schüler werden mit dem Schal die Augen verbunden. Er versucht jetzt im Klassenzimmer einen seiner Mitschüler zu greifen. Ist ihm dies gelungen, stellt die "Blinde Kuh" seinem Gefangenen eine Kopfrechenaufgabe. Den Schwierigkeitsgrad der Aufgabe kann die "Blinde Kuh" selbst bestimmen. Kann der Gefangene die Aufgabe lösen, ist er wieder frei, und die "Blinde Kuh" muß einen neuen Schüler fangen. Wer die gestellte Rechenaufgabe nicht lösen kann, spielt jetzt die "Blinde Kuh" und das Spiel beginnt von vorne.

Variation: Es können auch zwei oder mehrere Schüler "Blinde Kuh" sein, je nach Größe der Klasse.

<u>Stichwort:</u> LÜCKENWORT PIEP

<u>Ziel:</u> Erkennen des Vielfachen einer Zahl

<u>Fächer:</u> Mathematik

<u>Klassenstufe:</u> Ab 2

<u>Voraussetzung:</u> Keine

<u>Sozialform:</u> Klassenverband

<u>Zeit:</u> Beliebig

<u>Material:</u> Kein

<u>Vorbereitung:</u> Keine

<u>Durchführung:</u> Beispiel: 1 x 3

Anstatt eines Vielfachen von 3 wird "Piep" gesagt. Die Schüler sagen nacheinander die Zahlen von 1 - 30 (50, 60 usw.).

1. Schüler: 1
2. Schüler: 2
3. Schüler: Piep
4. Schüler: 4
5. Schüler: 5
6. Schüler: Piep

usw.

Der Schüler, der ein Vielfaches von 3 nennt, also nicht Piep sagt, muß ein Pfand abgeben.

<u>Variation:</u> Die Schüler sagen nicht nur anstelle eines Vielfachen der vorher bestimmten Zahl "Piep", sondern auch, wenn diese Zahl selbst vorkommt.

<u>Beispiel:</u> 1 - 2 - Piep - 4 - 5 - Piep
- 7 - 8 - Piep - 10 - 11 -
Piep - Piep - 14 - Piep - 16
- 17 - Piep - 19 - 20 - Piep
- 22 - Piep - Piep - 25 - usw.

Am Ende des Spieles kommen alle Schüler nach vorn, die ein Pfand einlösen müssen.

Möglichkeiten zum Einlösen von Pfändern:

1. Die Schüler müssen 3 Multiplikationsaufgaben richtig lösen.

2. Diese Schüler spielen noch einmal. Jetzt bekommt jeder Schüler, der "Piep" richtig eingesetzt hat, sein Pfland zurück.

3. Die Schüler müssen Kettenaufgaben richtig lösen.

4. Die Schüler müssen das 1 x 3 (4, 5, usw.) vorwärts und rückwärts richtig aufsagen.

Das Pfändereinlösen bietet seine gute Gelegenheit, den Schülern individuelle Aufgaben zu stellen.
Somit ist ihnen eine zusätzliche Übungsmöglichkeit gegeben.

Stichwort: STAFETTENRECHNEN

Ziel: Sicherheit und Schnelligkeit im Kopfrechnen.

Fächer: Mathematik

Klassenstufe: Ab 1

Voraussetzung: Mindestens eine Grundrechenart

Sozialform: Klassenverband, zwei Gruppen

Zeit: Beliebig, je nach Menge und Schwierigkeitsgrad der Aufgaben 10-10 Minuten.

Material: Kein

Vorbereitung: Keine

Durchführung: Der Lehrer schreibt für jede Gruppe soviele Aufgaben an die Tafel, wie Schüler in der Gruppe sind. Die Gruppen müssen gleich stark sein.
Er gibt dem ersten Schüler einer jeden Gruppe ein Stück Kreide, dieser läuft an die Tafel, rechnet die erste Aufgabe, läuft zurück und gibt dem nächsten Schüler seiner Gruppe die Kreide.
Gesiegt hat die Gruppe, die zuerst alle Aufgaben richtig gelöst hat. Für falsche Ergebnisse gibt es Punktabzug.

Anmerkung: Dieses Spiel bietet den Schülern auch Gelegenheit, sich zu bewegen. Jeder Schüler darf an der Tafel rechnen, was einen zusätzlichen Reiz darstellt.

Variation:

Ziel: Verben vom Präsens ins Präteritum setzen

Fächer: Deutsch

Klassenstufe: Ab 2

Sozialform: Klassenverband, zwei Gruppen

Zeit: Beliebig

Durchführung: Der Lehrer schreibt Verben im Präsens (oder Infinitiv) an die Tafel. Die Schüler schreiben in oben beschriebener Weise die entsprechende Präteritumform gut lesbar hinter das Verb. Auf diese Weise können die Schüler den Plural bilden, Vokabeln können getestet werden usw.

Stichwort: BALLRECHNEN

Ziel: Vertiefung der Addition im Zahlenraum 1-100

Fächer: Mathematik

Klassenstufe: Ab 2

Voraussetzung: Keine

Sozialform: Zwei Gruppen

Zeit: Beliebig

Material: Ein Ball, eine Stoppuhr, für jeden Schüler fünf Plättchen o.ä.

Vorbereitung: Keine

Durchführung: Ein Schüler wirft einem anderen Schüler aus der gegnerischen Partei einen Ball zu und nennt dabei zwei Zahlen, wobei die erste eine zweistellige, die zweite eine einstellige Zahl sein soll (z.B. 59, 8). Der betroffene Schüler muß den Ball fangen und die Summe der beiden Zahlen nennen. Ihm steht dafür eine vorher vereinbarte Zeitspanne zur Verfügung. Gelingt es dem Schüler, das richtige Ergebnis zu nennen, erhält er vom Werfer ein Plättchen; gelingt es ihm nicht, muß er dem Werfer eines seiner Plättchen abgeben. Die Gruppe, die am Ende die meisten Plättchen hat, ist Sieger.

Variation:

1. Schwieriger wird es, wenn zwei zweistellige Zahlen genannt werden dürfen (z.B. 15, 49). Hierbei dürfen die beiden Zahlen allerdings nicht größer als 50 sein, da ansonsten der Zahlenraum vergrößert werden müßte.

2. Dasselbe Spiel kann mit der Subtraktion im Zahlenraum 1-100 durchgeführt werden. In diesem Falle muß die erste Zahl allerdings größer als die zweite sein (z.B. 78, 45). Auch das Einüben des Einmaleins läßt sich auf diese Weise durchführen: Die Schüler nennen ihrem Partner Aufgaben.
Beispiel: 3x9, 5x7, usw.

Stichwort: WÜRFELWETTKAMPF

Ziel: Übung und Vertiefung der Grundrechenart: Addition, Subtraktion. Die Übung dient der Auflockerung der Stunde.

Fächer: Mathematik

Klassenstufe: Ab 2

Voraussetzung: Keine

Sozialform: Gruppenarbeit

Zeit: Beliebig

Material: 1-2 Würfel pro Gruppe

Vorbereitung: Keine

Durchführung: Jede Gruppe erhält einen Würfel. Es wird abwechselnd gewürfelt. Die Partei, die zuerst 20 (bzw. 50, 100) erreicht hat, hat gewonnen.

Variation:

1. Die Kinder beginnen mit 20 (bzw. 50, 100) und ziehen die gewürfelten Augen ab. Gewinner ist die Gruppe, die zuerst bei 0 angelangt ist.
2. In jeder Gruppe sind 2 Würfel. Die Kinder würfeln mit 2 Würfeln. Sie geben die Differenz zwischen den gewürfelten Augen an.
3. In jeder Gruppe sind 2 Würfel. Die Kinder zählen die Augen beider Würfel zusammen.

Stichwort: KOPF GEGEN MASCHINE

Ziel: Schulung der Kopfrechenfähigkeit,
Umgang mit dem Rechner soll geübt werden.

Fächer: Mathematik

Klassenstufe: Ab 4

Voraussetzung: Bedienung von Taschenrechnern

Sozialform: Gruppenarbeit (Gruppen von 5 Schülern)

Zeit: Beliebig

Material: Taschenrechner und 20 Karteikarten (numeriert von 1-20)

Vorbereitung: Karteikarten numerieren

Durchführung: Die Gruppe wird wie folgt aufgeteilt:
Ein Schüler stellt die Aufgaben und führt das Punktekonto. Zwei Schüler rechnen im Kopf und zwei andere mit dem Rechner.
Der Spielführer deckt die oberste der gemischten Karteikarten auf und verknüpft sie mathematisch mit der nächsten Karte. Dies wiederholt sich fortlaufend.
Beim Stellen der Aufgaben schreibt sich der Spielführer die Rechenoperationen auf.
Bei Beendigung eines Spielabschnittes werden für jedes richtige Ergebnis Punkte verteilt.

Variation: Die Anzahl der Karteikarten kann geändert werden. Klammerrechnungen können eingeführt werden.

Stichwort: RECHENOPERATOREN HERAUSFINDEN

Ziel: Förderung der Denkfähigkeit,
Festigung der Grundrechenarten.

Fächer: Mathematik

Klassenstufe: Ab 3

Voraussetzung: Keine

Sozialform: Gruppenarbeit (Gruppen von 4 Schülern)

Zeit: Mindestens 10 Minuten

Material: Kein

Vorbereitung: Keine

Durchführung: Drei Schüler stehen vor der Tafel und bilden die Operatoren, die vorher vom Lehrer bestimmt worden sind (z.B. x2; +5;+3). Die Klasse nennt eine Zahl, mit der die Rechenoperationen durchgeführt werden sollen. Der erste Schüler flüstert sein Ergebnis dem zweiten Schüler zu, der wiederum seine errechnete Zahl dem dritten. Dieser sagt das Ergebnis laut einem Schüler, der es an die Tafel schreibt. Die Gruppen müssen die Rechenoperatoren erraten.

Beispiel:

	1. Schüler	2. Schüler	3. Schüler	
Eingabe	Operator: x2	Operator: +5	Operator: +3	Ergebnis
2	?	?	?	3
5	?	?	?	5
8	?	?	?	7

Variation: Je nach Klassenstufe lassen sich die "Operatoren" auf 2 oder gar auf 1 Schüler beschränken.

Stichwort: ABLEGEN

Ziel: Übung und Vertiefung der Grundrechenarten (Kopfrechnen)

Fächer: Mathematik

Klassenstufe: Ab 2

Voraussetzung: Keine

Sozialform: Gruppenarbeit

Material: Je Gruppentisch 30 Karten.
Auf 15 Karten stehen Aufgaben, die restlichen 15 Karten sind Ergebniskarten.

Vorbereitung: Karten herstellen

Durchführung: Die Karten werden gemischt und gleichmäßig unter die Schüler verteilt. Jeder Schüler kann aus seinen Karten - wenn möglich - Paare bilden und ablegen. Ein Paar besteht aus einer Aufgabe und dem entsprechenden Ergebnis. Abgelegt wird nacheinander, damit die Gruppe jedes Paar kontrollieren kann.
Nach dem Ablegen wird im Reihumverfahren vom jeweiligen Nachbarn eine Karte gezogen. Dabei wird jedesmal geprüft, ob die gezogene Karte mit einer in der Hand des ziehenden Schülers befindlichen Karte ein Paar bildet. Das Paar wird dann wieder abgelegt.
Wer als erster keine Karte mehr in der Hand hat, ist Sieger.

Variation: Schwarzer Peter
Vor dem Austeilen der Karten wird eine Karte aus dem Spiel genommen und verdeckt auf den Tisch gelegt. Wer die letzte Karte, die mit der verdeckten Karte auf dem Tisch ein Paar bildet, in der Hand hält, ist der "Schwarze Peter".

Stichwort: VIERMAL RECHNEN

Ziel: Vertiefung der Grundrechenarten durch sinnvolle Kombinationen.

Fächer: Mathematik

Klassenstufe: Ab 3

Voraussetzung: Keine

Sozialform: Klassenverband, Gruppenarbeit

Zeit: Beliebig

Material: Je Gruppe 5 Würfel, Würfelbecher

Vorbereitung: Keine

Durchführung: Jeder Spieler darf fünfmal würfeln. Zuerst mit einem Würfel, der liegenbleibt. Dann wird der zweite Würfel geworfen. Nun hat der Spieler noch drei Würfel frei. Bevor er jetzt weiterwürfelt, muß er gut überlegen. Die Spielregel besagt nämlich, daß man in beliebiger Reihenfolge einmal malnehmen, einmal zusammenzählen, einmal abziehen und zweimal teilen muß. Man muß dabei versuchen, eine möglichst hohe Endsumme zu erreichen.

Beispiel:

Der erste Wurf ist eine 5, dann eine 3. Man überlegt: 3+5=8, 3·5=15, 5-3=2, 5:3 geht nicht. Am günstigsten erscheint auf den ersten Blick 3·5=15. Dennoch sieht der Spieler vielleicht ab vom Multiplizieren, denn er sagt sich, besser erst addieren, und malnehmen, wenn das Ergebnis höher ist. Er notiert also 8 (3+5). Der dritte Wurf ist eine 1.

Dividiert: 8:1=8. Der vierte Wurf ist eine 6, 8·6=48. Der fünfte Wurf kann nur noch abgezogen werden, er würfelt eine 3, 48-3=45.
Muß man am Ende dividieren, und es ergeben sich unteilbare Werte, so kann man dafür die nächstniedrige Zahl nehmen.

<u>Lit.-Hinweis:</u> Zorn (1978)

Stichwort: ZAUBERKREIS

Ziel: Übung und Vertiefung der Grundrechenarten, insbesondere Kettenrechnen.

Fächer: Mathematik

Klassenstufe: Ab 2

Voraussetzung: Grundrechenarten

Sozialform: Einzelarbeit, Partnerarbeit

Zeit: Beliebig

Material: Zauberkreis

Vorbereitung: Es wird ein Kreis hergestellt; gut eignet sich dafür stärkeres Papier. Der Kreis wird in acht gleiche Teile unterteilt. In die Mitte des Kreises wird eine Aufgabe geschrieben.
Nun wird ein großer Ring hergestellt, der um den Kreis paßt. Dieser Ring wird in acht Teile zerschnitten, und auf jedes Kärtchen wird eine Aufgabe geschrieben.

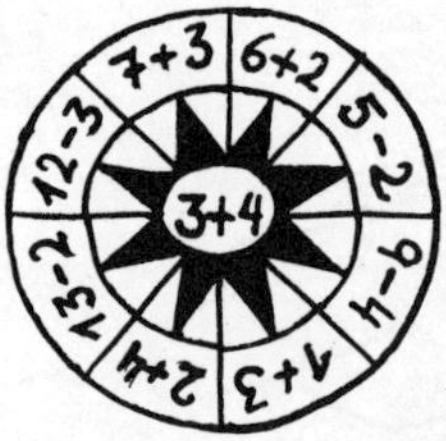

Die Anfertigung dieses Lehrspiels ist relativ einfach, da man eine beliebige Zahl lediglich in vier verschiedene Kettenrechnungen mit drei Gliedern aufzuteilen braucht; daher ist der Zeitaufwand nicht sehr erheblich, jedoch abhängig von Anzahl der herzustellenden Zauberkreise.

Durchführung: Jeder Schüler, bzw. jede Gruppe erhält einen Zauberkreis und die dazugehörigen Aufgabenkärtchen.
Nun müssen die Kärtchen des Außenringes so gelegt werden, daß jeweils drei Aufgaben, in einer Linie liegend (die festgesetzte Mitte also eingerechnet), die gleiche Ergebnissumme aufweisen. (Im Beispiel heißt sie 21)

Variation:

1. Man kann den Zauberkreis schwerer gestalten, indem man verschiedene Aufgabentypen verwendet (Addition, Subtraktion, Multiplikation, Division).

2. Durch eine Erweiterung lassen sich auch vier Kettenrechnungen mit vier Gliedern unterbringen. Dabei muß wiederum der Außenring (bzw. die Aufgabenkärtchen des Außenringes) frei gruppiert werden.

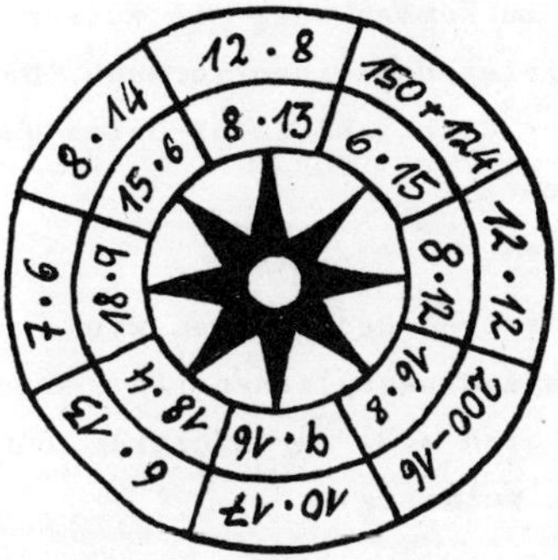

3. Durch Hinzufügen einer festgesetzten Mittelaufgabe erreicht man Kettenrechnungen mit fünf Gliedern, ein weiterer Schwierigkeitsgrad des Zauberkreises.

Stichwort: RICHTZAHLWÜRFELN

Ziel: Geschicktes Anwenden der Grundrechenarten, Kombinationsgabe wird gefördert.

Fächer: Mathematik

Klassenstufe: Ab 2

Voraussetzung: Keine

Sozialform: Gruppenarbeit (ca. 4 Schüler)

Zeit: Beliebig

Material: 6 Würfel

Vorbereitung: Keine

Durchführung: Der Lehrer gibt den Gruppen eine gemeinsame Richtzahl vor (z.B. 65). Ein Mitglied würfelt mit sämtlichen 6 Würfeln. Die übrigen Mitspieler müssen versuchen, mit Hilfe der gewürfelten Augenzahl anhand der 4 Grundrechenarten der Richtzahl möglichst nahe zu kommen oder sie zu erreichen. Jeder Mitspieler hat einen Versuch. Derjenige, der der Richtzahl am nächsten kommt, würfelt erneut.

Variation:

1. Die zulässigen Rechenarten werden dem Wissensstand angeglichen (in den unteren Klassen sind z.B. nur Addition und Subtraktion zulässig).
2. Die Richtzahl wird von der Gruppe selbst festgesetzt. Der Sieger nennt die neue Richtzahl.
3. Die Erweiterung der auf dem Würfel vorhandenen Augen (1-6) wird erreicht durch

   a) 1 = 7; 2 = 8; 3 = 9 usw.
   b) 1 und 3 = 13 oder 31

Stichwort: LINIENRECHNEN

Ziel: Die Schüler sollen lernen, daß man durch unterschiedliche Kombination der Zahlen zum gleichen Ergebnis kommt.

Fächer: Mathematik

Klassenstufe: Ab 1

Voraussetzung: Die Schüler müssen mindestens eine der vier Grundrechenarten erlernt haben.

Sozialform: Beliebig

Zeit: Beliebig

Material: Tafel und bunte Kreide

Vorbereitung: Keine

Durchführung: Der Lehrer schreibt Aufgaben und Ergebnisse getrennt voneinander in beliebiger Anordnung an die Tafel. Um jede Aufgabe und um jedes Ergebnis wird ein Kreis gezeichnet. Die Schüler sollen nun die Verbindungslinien von den einzelnen Aufgaben zu den dazugehörigen Ergebnissen ziehen. Führen mehrere, aber verschiedene Aufgaben zu dem gleichen Ergebnis, so sollen die Schüler dieses durch die Benutzung der gleichen Kreidefarben kenntlich machen.

Variation:

1. Man läßt alle vier Grundrechenarten zu. Jeder Rechenart wird eine Kreidefarbe zugeteilt. Die Schüler müssen dann wie oben geschildert, Aufgabe und Ergebnis miteinander verbinden.

2. Es werden keine Aufgaben, sondern nur einzelne Zahlen an die Tafel geschrieben. Jede Zahl darf mehrmals auftreten. Wieder wird jeder Rechenart eine Kreidefarbe zugeteilt. Jeder Schüler soll sich eine Aufgabe überlegen. Dann sollen die Schüler nacheinander die Zahlen, die in ihrer Aufgabe und Ergebnis enthalten sind, an der Tafel farbig umkreisen. Die Farbe der Kreide gibt den gewählten Rechengang an. Die Kinder, die nicht an der Tafel sind, sollen die Zahlen mit den mathematischen Verknüpfungszeichen in die richtige Reihenfolge bringen.

3. Wie Variation 1. Allerdings wird eine neutrale Kreidefarbe verwendet, so daß die gewählte Rechenart nicht deutlich wird. Die Schüler sollen die gewählte Rechenart herausfinden und die Zahlen mit den mathematischen Verknüpfungszeichen in die richtige Reihenfolge bringen. Dabei ist es möglich, daß mehrere Rechenarten angewendet werden können.

Stichwort: KÖRPER-DENKEN

Ziel: Die Schüler sollen lernen, sich Körper räumlich vorzustellen und einen Körper aus seinen geometrischen Bestandteilen zusammenzusetzen.

Fächer: Mathematik

Klassenstufe: Ab 6

Voraussetzung: Die Schüler müssen die charakteristischen Merkmale der Körper kennen. Sie müssen wissen, daß die Perspektive die Längenverhältnisse verzerrt.

Sozialform: Einzel- oder Gruppenarbeit

Zeit: Beliebig

Material: (Folien-)Kärtchen mit perspektivisch gezeichneten Bestandteilen von Körpern.

Vorbereitung: Kärtchen anfertigen

Durchführung: Die Kinder sollen die Kärtchen heraussuchen, die zusammen einen genannten Körper ergeben. (Bestehen die Kärtchen aus Folie, so kann man, wenn die Einzelteile entsprechend gezeichnet sind, bei Aufeinanderlegen der Kärtchen das Gesamtbild des Körpers erhalten.)

Variation: Die Kinder können versuchen, aus den gegebenen Kärtchen selbst Körper zusammenzustellen.

Hinweis: Man kann diese Kärtchen bis in die Oberstufe benutzen, wenn man den Schwierigkeitsgrad erhöht (z.B. Kärtchen für einen Oktaeder).

BEISPIELE:

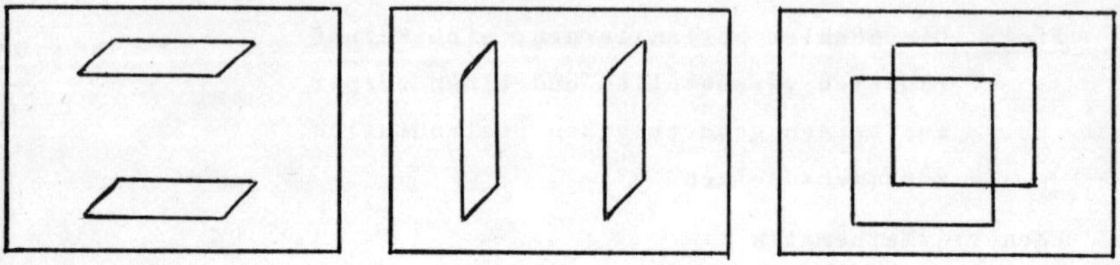

Ergebnis:

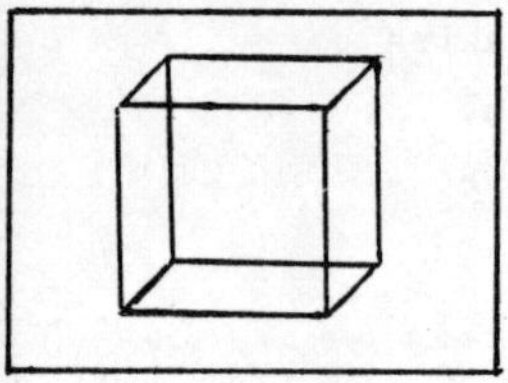

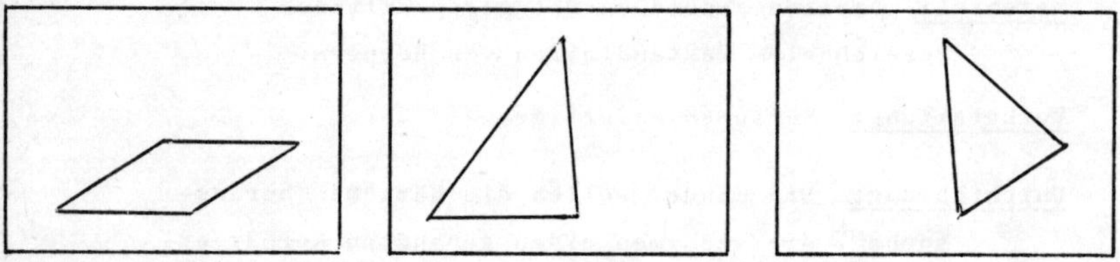

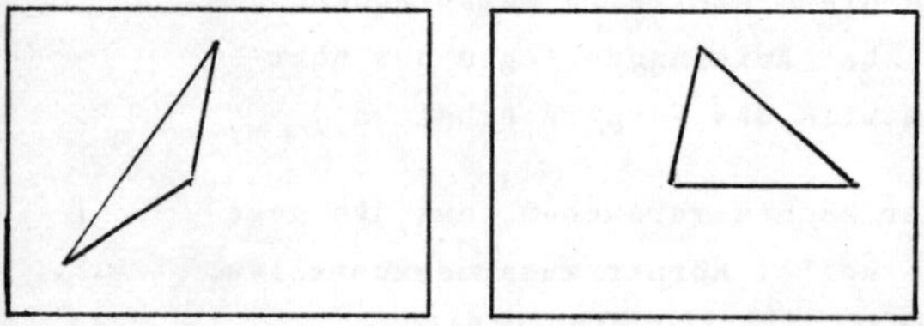

Ergebnis:

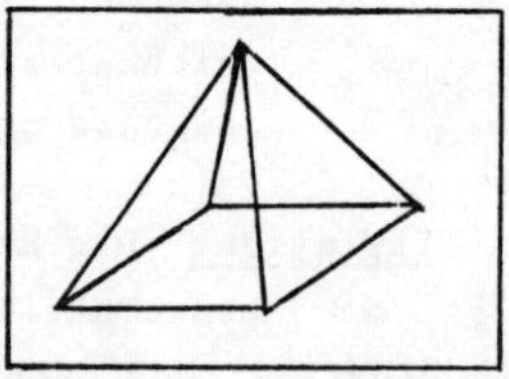

Stichwort: KETTENWÜRFEL

Ziel: Lösen von Kettenaufgaben.

Fächer: Mathematik

Klassenstufe: Ab 1

Voraussetzung: Grundrechenarten; Addition, Subtraktion

Sozialform: Einzel- oder Gruppenarbeit

Zeit: Mindestens 15 Minuten

Material: Je Kind: Ein Würfelbecher,5 weiße und 5 schwarze Würfel. (Die Kinder müssen die Materialien selbst mitbringen. Dies muß in der vorhergehenden Stunde angesagt werden.)

Vorbereitung: Keine

Durchführung: Jedes Kind nimmt zunächst nur den Würfelbecher und die weißen Würfel.
Diese haben die Bedeutung Addition.
Nachdem das Kind gewürfelt hat, soll es aus den Zahlen eine Aufgabe bilden. Die gewürfelten Augen addieren z.B.: Es wurde gewürfelt:
3, 2, 6, 5, 1, dann lautet die Aufgabe:
3 + 2 + 6 + 5 + 1 = ?
Die Aufgabe soll aufgeschrieben und gerechnet werden. Die Übung wird mehrere Male wiederholt.
Nach einiger Zeit wird ein schwarzer Würfel hinzugenommen. Schwarz soll für Subtraktion stehen.
Gewürfelt wurde z.B.:
4, 1, 5, 3, 3, (4)
Die Aufgabe lautet also:
4 + 1 + 5 + 3 + 3 - (4) = ?
Im Laufe der Zeit werden alle schwarzen Würfel in das Würfelspiel mit eingebaut.

Mathematik

Stichwort: LÖSUNG GESUCHT

Ziel: Wiederholung der Grundrechenarten

Fächer: Mathematik

Klassenstufe: Ab 2

Voraussetzung: Keine

Sozialform: Gruppen, gesamter Klassenverband

Zeit: Beliebig

Material: Eine Karteikarte pro Schüler

Vorbereitung: Der Lehrer schreibt pro Karte eine Aufgabe und eine Lösung auf, die jedoch nicht zusammengehören. Die Lösung paßt zu einer Aufgabe auf einer anderen Karteikarte.

Durchführung: Die Karteikarten werden in der Klasse verteilt, so daß jeder Schüler seine erhält. Zunächst rechnen alle die Aufgaben aus. Wenn alle fertig sind, beginnt einer seine Aufgabe vorzulesen. Derjenige Schüler, der glaubt, daß die Lösung auf seiner Karte die richtige sei, steht auf und nennt sie. Hat er nun die richtige Lösung, darf er jetzt seine Aufgabe vorlesen usw.
Die Übung ist beendet, wenn alle Schüler ihre Aufgabe gestellt haben.

Variation: Die Übung kann auch auf Fremdsprachen übertragen werden. Ziel wäre dort das Lernen von Vokabeln. Pro Karte stehen eine Vokabel und eine Übersetzung, die sich jedoch nicht entsprechen

Stichwort: TIERE AUS ZAHLEN

Ziel: Zahlen sollen der Größe nach geordnet werden.

Fächer: Mathematik

Klassenstufe: Ab 1

Voraussetzung: Keine

Sozialform: Einzelarbeit

Zeit: 5 - 10 Minuten

Material: Kein

Vorbereitung: Der Lehrer muß sich ein Tier ausdenken, das aus mehreren geraden Linien darzustellen ist. Vor der Stunde muß er die Eckpunkte dieses Tieres an die Tafel zeichnen und mit Zahlen versehen.

Durchführung: Die Schüler verbinden die Eckpunkte des Tieres der Reihenfolge nach von der größten zur kleinsten Zahl oder umgekehrt. Das Tier entsteht.

Beispiel:

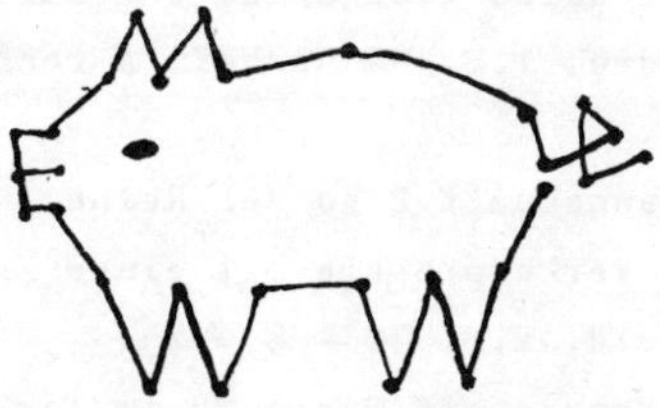

Stichwort: ZAHLENFUßBALL

Ziel: Wiederholung und Übung

Fächer: Mathematik

Klassenstufe: Ab 2

Voraussetzung: Keine

Sozialform: Zwei Gruppen

Zeit: 15 Minuten

Material: Evtl. Folie für Overheadprojektor

Vorbereitung: Der Lehrer zeichnet ein Fußballfeld auf die Tafel oder auf eine Folie mit je einer größeren Zahl im Tor und etwa 5 Ziffern im Feld.

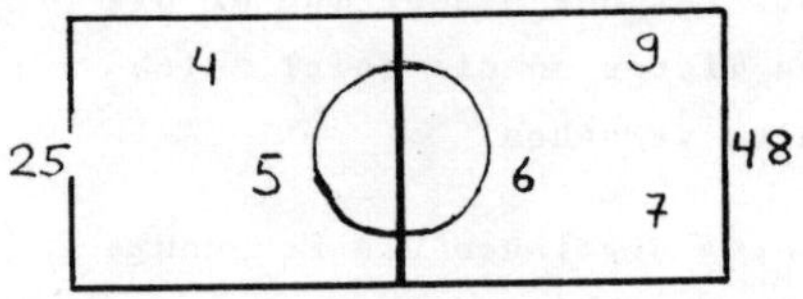

Durchführung: Die beiden Schülergruppen sind Fußballmannschaften, die jeweils versuchen müssen, die Zahl des gegnerischen Tores zu treffen; als Bälle stehen ihnen die Zahlen im Feld zur Verfügung, von denen sie je zwei durch eine Grundrechenart verbinden müssen, z.B. Mannschaft A rechnet 5 x 6 = 30.

Dann ist Mannschaft B an der Reihe, nimmt die 30 und verknüpft sie mit einer Zahl aus dem Spielfeld, z.B. 30 - 5 = 25.

Damit hat Mannschaft B die 25 im Tor von A getroffen, und es steht 1 : 0.

<u>Variation:</u>

1. Das Spiel kann auch als Partnerspiel gespielt werden.
2. Es wird dadurch erschwert, daß nur Addition und Subtraktion zugelassen sind.

<u>Lit.-Hinweis:</u> Heinemann (1976)

Stichwort: ZAHLENSCRABBLE

Ziel: Übung der Zerlegung in Primfaktoren

Fächer: Mathematik

Klassenstufe: Ab 5

Voraussetzung: Schüler müssen wissen, was Primfaktoren sind.

Sozialform: Gruppen zu 4 - 5 Schülern

Zeit: 30 Minuten

Material: Pro Gruppe:

1. 1 Spielplan wie beim Scrabble (mit Quadraten).
2. Ca. 60 Karten mit Primzahlen < 10 in der Größe der Quadrate des Spielplans, möglichst große, bunte Zahlen.
3. Ca. 30 Karten mit Ergebnissen, die sich aus der Multiplikation mit den Primfaktoren ergeben in der Größe der Quadrate des Spielplans (kleinere, schwarze Zahlen).

Vorbereitung: Herstellen des Materials

Durchführung: Jeder Spieler erhält 8 Primzahlkarten und drei Ergebniskarten, die er offen hinlegt. Dann werden alle übrigen Karten zusammengemischt und verdeckt auf den Tisch gelegt. Der erste Schüler beginnt, aus zwei seiner Primzahlen und einem Ergebnis eine Aufgabe zu bilden und legt die Kärtchen auf die Spielplanquadrate nebeneinander oder untereinander. Für jede abgelegte Karte

nimmt er sich eine neue vom Stapel. Der nächste Spieler darf ebenso eine Aufgabe auf den Spielplan legen. Er hat aber auch die Möglichkeit, an die Karten, die schon daliegen, andere anzulegen, so daß eine Aufgabe entsteht, z.B.:

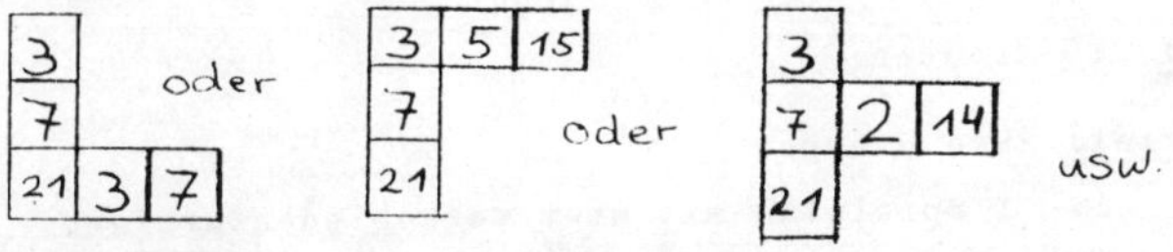

Wer mit keiner seiner Karten eine Aufgabe legen kann, darf zwei seiner Karten in den Stapel mischen und zwei neue ziehen. Dann ist der nächste Spieler an der Reihe. Sieger ist, wer zuerst alle Ergebniskarten abgelegt hat.

Variation:

1. Es dürfen auch Aufgaben mit drei Faktoren gelegt werden (dann müssen auch entsprechende Ergebniskarten vorbereitet werden).
2. Für jede abgelegte Karte erhält man einen Punkt. Wer am meisten Punkte hat (nach einer festgesetzten Zeit), ist Sieger.

Stichwort: ZAHLENSTECKBRIEFE

Ziel: Einüben der Begriffe Primteiler, Quersumme, Teilermenge und Vielfaches.

Fächer: Mathematik

Klassenstufe: Ab 5

Voraussetzung: Die Begriffe, die auf den Karten auftauchen, müssen erklärt worden sein.

Sozialform: Gruppen zu 3 Schülern

Zeit: 15 Minuten

Material: Pro Gruppe:

1. 1 Spielplan mit drei verschiedenfarbigen Kreisen, etwa DIN A4.

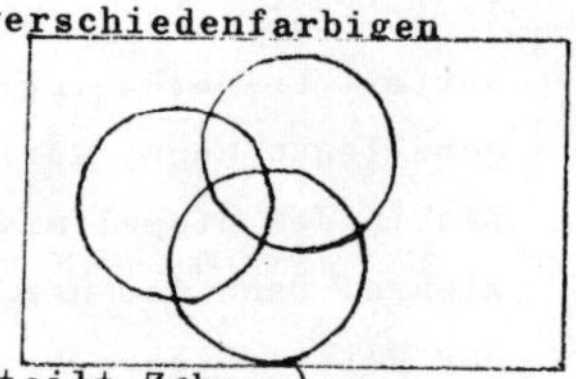

2. 15 Zahlensteckbriefkarten mit verschiedenen Aufschriften:
   z.B. E teilt Z (Einer teilt Zehner)
   E gerade; Z ungerade
   hat höchstens 3 Primteiler;
   $\in T_{85}$ (ist Element der Teilermange von 85).
3. 1 Tabelle, auf der alle 15 Karten noch einmal aufgeschrieben sind.

Vorbereitung: Herstellen des Materials

Durchführung: Jedem Spieler gehört ein Kreis des Spielplanes, und jeder Spieler zieht verdeckt eine der 15 Karten, die er den anderen nicht zeigt. Der erste Spieler nennt eine Zahl zwischen 1 und 1000. Jeder Spieler überprüft, ob seine Steckbriefkarte zu dieser Zahl paßt (die Steckbriefkarte mit "E teilt Z" paßt z.B. auf 93, nicht aber auf 92). Wenn die Zahl zu der Steckbriefkarte eines Spielers paßt, wird die Zahl in seinen Kreis geschrieben. Paßt die Zahl zu den Karten von 2 Spielern, so wird sie in den Durchschnitt der beiden Kreise geschrieben. Falls sie zu allen drei Spielern paßt, kommt sie in den Durchschnitt aller drei Kreise. Dann sagt der nächste Spieler eine Zahl, wieder wird überprüft. Ziel ist es, die Karten der Mitspieler zu erraten. Jeder darf dreimal raten. Rät er beim dritten Mal falsch, hat er verloren.

Stichwort: RECHENWURM

Ziel: Rechenübung

Fächer: Mathematik

Klassenstufe: Ab 1; je nach Aufgaben auf dem Spielplan.

Voraussetzung: Keine

Sozialform: Gruppen zu 4 - 5 Schülern

Zeit: 15 Minuten

Material: Pro Gruppe:

1. 1 Spielplan mit normalen Feldern, Aufgabenfeldern und einem Ziel.

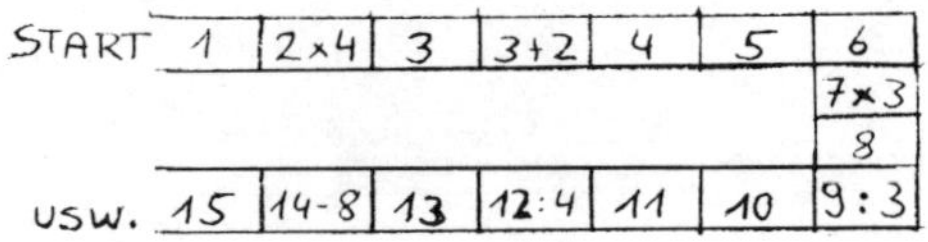

2. 1 Würfel.
3. Pro Spieler eine Spielfigur.

Vorbereitung: Herstellen des Spielplanes

Durchführung: Wie bei einem normalen Würfelspiel würfeln die Spieler reihum und rücken anhand der gewürfelten Augenzahl weiter. Kommen sie auf ein Feld, auf dem eine Aufgabe steht, so muß diese gelöst und entsprechend viele Felder weitergerückt werden. Sieger ist, wer zuerst im Ziel ist.

<u>Variation:</u> Für Schüler, die bereits negative Zahlen kennen, können auf den Aufgabenfeldern negative Ergebnisse vorkommen. Entsprechend muß dann rückwärts gesetzt werden.

<u>Lit.-Hinweis:</u> Heinemann (1976)

Stichwort: MENGENZUORDNUNG

Ziel: Die Schüler sollen sich mit den Mengenbegriffen an einem konkreten Beispiel vertraut machen.

Fächer: Mathematik

Klassenstufe: Ab 1

Voraussetzung: Keine

Sozialform: Gruppe

Zeit: 10 Minuten

Material: Jeder Schüler soll einen kleinen Gegenstand mitbringen.

Vorbereitung: Keine

Durchführung: Die Gegenstände aller Schüler werden zusammen auf dem Tisch ausgebreitet. Die Schüler sollen sich überlegen, unter welchen Mengenbegriffen man mehrere Gegenstände zusammenfassen kann. Diese Oberbegriffe sollen notiert werden, und die Schüler versuchen wieder neue Mengeneinteilungen vorzunehmen. Ist die vorgegebene Zeit abgelaufen, so wird das Spiel beendet.

Variation:

1. Der Lehrer gibt genaue Anzahl von Teilmengen vor.
2. Der Lehrer gibt vor, daß mindestens ein Gegenstand in der Schnittmenge sein soll. Es soll also ein Gegenstand vorhanden sein, der beiden Mengen zuzuordnen ist.

3. Der Lehrer gibt ein Schaubild vor, in das die Schüler die Gegenstände einordnen sollen.

Stichwort: MENGEN BILDEN

Ziel: Logisches Zuordnen

Fächer: Mathematik

Klassenstufe: Ab 3

Voraussetzung: Keine

Sozialform: Gruppen

Zeit: 15 Minuten

Material: Gegenstände aus der Schultasche, Klassenraum.

Vorbereitung: Keine

Durchführung: Die Gegenstände werden in die Mitte des Tisches gelegt. Die Schüler bekommen die Aufgabe, nacheinander alle Sachen nach einer Zuordnungsvorschrift, die sich der Schüler selbst ausdenkt, zu ordnen. Die übrigen Schüler sollen diese Zuordnungsvorschrift erraten.

Z.B. Ute sortiert: Schreibstifte - Nichtschreibstifte

Bernd sortiert: Nach Farben ...

Stichwort: MÜNZENRATEN

Ziel: Münzen erkennen und die Summe ermitteln

Fächer: Mathematik

Klassenstufe: Ab 3

Voraussetzung: Keine

Sozialform: Gruppen zu fünft oder sechst

Zeit: 15 - 20 Minuten

Material: Verschiedene Münzen

Vorbereitung: Keine

Durchführung: Jede Gruppe bildet einen kleinen Kreis. Alle halten ihre Hände auf dem Rücken. Der Lehrer gibt einem Kind in jeder Gruppe ein Geldstück in die Hand. Das Kind versucht zu erfühlen, was es ist und gibt es an seinen rechten Nachbarn weiter. Das erste Kind bekommt darauf das nächste Geldstück usw.

Alle Gruppen bekommen die gleiche Summe.
Jedes Kind versucht, die Summe der um den Kreis gegangenen Geldstücke zu ermitteln. Wenn alle Kinder ihre Geldstücke gefühlt haben und die Summe errechnet haben, soll sich die Gruppe auf eine Summe einigen, die als Ergebnis für die Gruppe genannt wird. Wer kommt der richtigen Summe am nächsten?

Stichwort: WÜRFELSPIEL

Ziel: Kopfrechnen üben

Fächer: Mathematik

Klassenstufe: Ab 3

Zeit: 10 - 20 Minuten

Voraussetzung: Keine

Sozialform: Gruppenarbeit

Material: Je Gruppe drei Würfel und ein Würfelbecher.

Vorbereitung: Keine

Durchführung: Würfelt ein Schüler, so muß er die gewürfelten Zahlen gleich im Kopf addieren. Die gewürfelte Punktzahl wird dem Schüler angerechnet. Der Schüler darf so lange würfeln bis er einen "Pasch" würfelt (drei Zweien, drei Fünfen usw.!). Jetzt ist sein Nachbar dran. Schüler, die gerade nicht würfeln, müssen kontrollieren. Gewonnen hat, wer nach Ablauf einer bestimmten Zeit die größte Summe erreicht hat.

Variation: Multiplikation, größter gemeinsamer Teiler, Quersummen, Primzahlenfaktoren, kleinstes gemeinsames Vielfaches, Division durch eine gegebene Zahl.

Stichwort: REIHENBILDUNG

Ziel: Übung der Addition und der Subtraktion

Fächer: Mathematik

Klassenstufe: Ab 3

Voraussetzung: Keine

Sozialform: Zwei Gruppen

Zeit: Beliebig

Material: Kein

Vorbereitung: Keine

Durchführung: Eine mathematische Reihe, wie z.B. 7, 11, 15 wird vorgegeben. Die Schüler sollen mitrechnen. Wer als erster das Prinzip dieser Reihe (+4) erkannt hat und die Reihe um 3 oder 4 Glieder ergänzen konnte, darf nun eine neue Reihe bilden. Seiner Gruppe wird ein Punkt gutgeschrieben.

Variation: Das gleiche kann auch in einer 7. oder 8. Klasse durchgeführt werden, wenn man mit Zahlen im negativen Bereich rechnet oder wenn man Brüche zur Bildung von Reihen wählt.

Stichwort: RECHENBALL

Ziel: Kopfrechnen üben

Fächer: Mathematik

Klassenstufe: Ab 2

Voraussetzung: Keine

Sozialform: Klassenverband

Zeit: 10 - 20 Minuten

Material: Tennisball

Vorbereitung: Keine

Durchführung: Der Lehrer stellt eine Rechenaufgabe und wirft einem Schüler den Ball zu. Der Schüler sagt seine Lösung. Ist die Antwort richtig, darf der Schüler den Ball mit einer neuen Aufgabe einem anderen Schüler zuwerfen. Ist die Aufgabe falsch, muß er dem Lehrer den Ball zurückwerfen.

Stichwort: ERRATEN EINES ZAHLENSYSTEMS

Ziel: Schulung des Kopfrechnens

Fächer: Mathematik

Klassenstufe: Ab 2

Voraussetzung: Additions-, Subtraktions-, Multiplikations- und Divisionsverfahren müssen bekannt sein.

Sozialform: Gruppen von 6 - 8 Schülern

Zeit: Beliebig

Material: Kein

Vorbereitung: Keine

Durchführung: Ein Schüler denkt sich eine Zahl. Die anderen sollen diese erraten. Ein Schüler darf so lange fragen wie mit ja geantwortet wird. Wird seine Frage mit nein beantwortet, so ist sein Nachbar an der Reihe. Folgende Fragen könnten gestellt werden: "Ist die Zahl größer als 100? Ist sie durch 2 teilbar? Wenn man sie mit 5 multipliziert, ist sie dann größer als 100?"

Variation: Schüler denkt sich ein Zahlensystem aus, z.B. alle durch 7 teilbaren Zahlen.

<u>Stichwort:</u> WÜRFELN

<u>Ziel:</u> Gruppenaktivität
Üben von Addition und Multiplikation

<u>Fächer:</u> Mathematik

<u>Klassenstufe:</u> Ab 1

<u>Voraussetzung:</u> Keine

<u>Sozialform:</u> Gruppen

<u>Zeit:</u> Beliebig

<u>Material:</u> Pro Gruppe mindestens 1 Würfel

<u>Vorbereitung:</u> Keine

<u>Durchführung:</u> Ein Gruppenmitglied würfelt einmal. Die Augenzahl wird von allen im Kopf behalten. Dann würfelt das nächste Gruppenmitglied. Diese Augenzahl wird zu der ersten addiert (multipliziert), usf. Die Gruppe mit der höchsten Gesamtaugenzahl ist Sieger.

<u>Variation:</u> Es wird mit zwei oder mehr Würfeln gewürfelt bzw. jedes Gruppenmitglied würfelt mehrmals hintereinander. Die Rechnung zu den Multiplikationsaufgaben kann ggf. schriftlich erfolgen.

Stichwort: LOTTOSCHEIN

Ziel: Übung und Festigung von verschiedenen Rechenarten

Fächer: Mathematik

Klassenstufe: Ab 1

Voraussetzung: Keine

Sozialform: Einzelarbeit

Zeit: Je nach Schwierigkeitsgrad der Aufgaben etwa 5 - 10 Minuten

Material: Pro Schüler mindestens 1 Lottoschein

Vorbereitung: Keine

Durchführung: Der Lehrer formuliert Aufgaben so, daß Ergebnisse herauskommen, die auf dem Lottoschein angestrichen werden können (sechs Aufgaben und eine Zusatzaufgabe). Dies kann über mehrere Tage hinweg geschehen. Am Ende wird aus dem Stapel der richtigen Lösungen der "Gewinner der Woche" gezogen.

Lit.-Hinweis: Heinemann (1976)

Stichwort: ZETTELRECHNEN

Ziel: Wiederholung und Übung

Fächer: Mathematik

Klassenstufe: Ab 1

Voraussetzung: Keine

Sozialform: Gruppenarbeit (dabei sollte der Lehrer darauf achten, daß möglichst gleich gute Rechner in einer Gruppe sind).

Zeit: 10 Minuten

Material: Pro Gruppe einige Zettel mit Aufgaben, die Ergebnisse stehen auf der Rückseite.

Vorbereitung: Herstellen des Materials

Durchführung: Ein Schüler in jeder Gruppe ist Spielleiter und besitzt die Zettel. Er stellt die Aufgaben und gibt dem schnellsten Rechner den Zettel. Wer am Ende die meisten Zettel hat, ist Sieger.
Danach sollte der Spielleiter gewechselt und noch einmal gespielt werden.

Variation: Es steht kein Ergebnis auf der Rückseite.

Lit.-Hinweis: Heinemann (1976)

Stichwort: ERGEBNISTRÄGER

Ziel: Wiederholung und Übung

Fächer: Mathematik

Klassenstufe: Ab 1

Voraussetzung: Keine

Sozialform: Beliebig

Zeit: 5 Minuten

Material: Kein

Vorbereitung: Jeder Schüler ist Träger einer Zahl. Der Lehrer muß sich Aufgaben überlegen, die diese Zahlen zum Ergebnis haben.

Durchführung: Der Lehrer nennt eine Aufgabe, deren Ergebnis die Zahl eines Schülers ist. Dieser sagt das Ergebnis laut.

Variation: Nicht der Lehrer, sondern ein Schüler nennt eine Aufgabe.

Lit.-Hinweis: Heinemann (1976)

Stichwort: WETTSPRINGEN

Ziel: Wiederholung und Übung

Fächer: Mathematik

Klassenstufe: Ab 1

Voraussetzung: Keine

Sozialform: Beliebig

Zeit: 10 Minuten

Material: Kein

Vorbereitung: Keine

Durchführung: Die Schüler sitzen an ihren gewohnten Plätzen. Zwei benachbarte Schüler bekommen eine Aufgabe gestellt. Derjenige, der sie gelöst hat, rechnet gegen den nächsten Schüler. Sieger ist der, der die meisten Schüler überspringt.

Lit.-Hinweis: Heinemann (1976)

Stichwort: WER HAT DEN GRÖSSTEN GEBURTSTAG

Ziel: Zahlen im Zahlenbereich bis 1 Million der Größe nach ordnen.

Fächer: Mathematik

Klassenstufe: Ab 3

Voraussetzung: Keine

Sozialform: Gruppen zu 6 - 8 Schülern

Zeit: 8 - 10 Minuten

Material: Pro Schüler einen Zettel

Vorbereitung: Keine

Durchführung: Jeder Schüler schreibt sein Geburtsdatum auf seinen Zettel ohne die Punkte hinter Tag und Monat, z.B. 15.11.67 = 151167.
Hat ein Datum weniger als sechs Ziffern, so wird durch Nullen auf eine sechsstellige Zahl ergänzt, z.B. 3.4.55 = 345500.
Jetzt sollen die Schüler jeder Gruppe heraussuchen, wer aus ihrer Gruppe die höchste Zahl auf seinem Zettel hat. Die Schüler, die in ihrer Gruppe die höchste Zahl hatten, suchen unter sich wieder denjenigen mit der größten Zahl heraus, dessen Gruppe wird dann Sieger.

Variation:

1. Für ältere Schüler kann man dies als Knobelaufgabe geben: An welchem Tag, Monat, Jahr müßte man geboren sein, so daß man in jedem Fall Sieger wird?

2. Um die schriftliche Addition zu üben, kann jede Gruppe ihre Geburtsdatenzahlen untereinanderschreiben und addieren. Die Gruppe mit dem höchsten/niedrigsten Ergebnis hat gewonnen.

Stichwort: ADDITION VON ZWEIERPOTENZEN

Ziel: Vorübung für das Rechnen mit Potenzen, für das Rechnen im Zweierland (Dualsystem).

Fächer: Mathematik

Klassenstufe: Ab 3

Voraussetzung: Keine

Sozialform: Gruppe zu 4 - 6 Schülern

Zeit: ca. 15 Minuten

Material: Große Pappschilder für jede Gruppe, auf denen Potenzen der Zahl 2 stehen: 1, 2, 4, 8, ...

Vorbereitung: Zahlen auf Pappschilder schreiben.

Durchführung: Der Lehrer nennt eine beliebige Zahl aus dem Zehnersystem. Jede Schülergruppe versucht nun so schnell wie möglich, alle Zahlen hochzuheben, die addiert die genannte Zahl ergeben. Die Gruppe, die zuerst die richtigen Potenzen hochhält, hat gewonnen.

Variation:

1. Beherrschen die Schüler bereits die Potenzrechnung, so können die Zweierpotenzen direkt auf die Pappe geschrieben werden, also: 2^0, 2^1, 2^2, 2^3, ...

2. Das gleiche Spiel läßt sich natürlich auch mit 3er oder 4er Potenzen ausführen.

Stichwort: ZAHLENTREFFEN

Ziel: Rechentraining, Einmaleinstraining

Fächer: Mathematik

Klassenstufe: Ab 2

Voraussetzung: Keine

Sozialform: Beliebig

Zeit: 5 Minuten

Material: Kein

Vorbereitung: Der Lehrer schreibt einige Zahlen durcheinander an die Tafel.

Durchführung: Die Zahlen an der Tafel sind die Ergebnisse von Aufgaben, die von den Schülern zu finden sind. Der Lehrer schreibt nun bestimmte Operationszahlen oder Operationszeichen vor, mit denen die Schüler eine Aufgabe bilden sollen, die als Ergebnis eine Zahl an der Tafel hat. Diese Zahl an der Tafel ist dann getroffen; der Lehrer streicht sie durch. Das Spiel ist beendet, wenn alle Zahlen durchgestrichen sind.

Variation: Das Spiel kann auch in zwei Gruppen gespielt werden. Abwechselnd aus jeder Gruppe darf ein Schüler seine Aufgabe nennen. Trifft er eine Zahl, bekommt die Gruppe einen Punkt.
Sieger ist die Gruppe mit den meisten Punkten.

Lit.-Hinweis: Heinemann (1976)

Stichwort: ZAHLENSCHLANGE

Ziel: Übung der Addition - Subtraktion
(Jeder Schüler kommt an die Reihe)

Fächer: Mathematik

Klassenstufe: Ab 1

Voraussetzung: Keine

Sozialform: Beliebig

Zeit: 5 Minuten

Material: Kein

Vorbereitung: Keine

Durchführung: Der Lehrer nennt eine Anfangszahl (z.B. 430) und ein Rechenzeichen mit einer Zahl (z.B. + 15). Der erste Schüler beginnt und rechnet 430 + 15 = 445. Der danebensitzende Schüler nimmt das Ergebnis 445 und addiert + 15. Mit dem neuen Ergebnis rechnet der nächste Nachbar wieder + 15. Das Spiel endet, wenn jeder einmal an der Reihe gewesen ist.

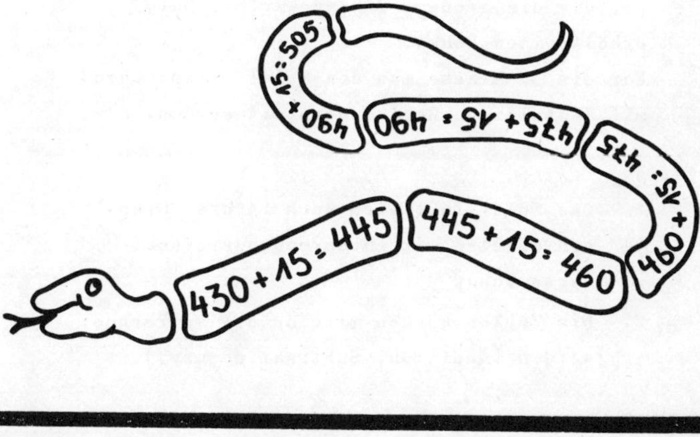

Stichwort: TAUSENDERZAHLEN WÜRFELN

Ziel: Die Schüler sollen sagen können, welche von zwei Zahlen größer ist. (Als Übung im Umgang mit großen Zahlen gedacht.)

Fächer: Mathematik

Klassenstufe: Ab 3

Voraussetzung: Keine

Sozialform: Zwei Gruppen

Zeit: 20 Minuten

Material: Ein großer Schaumstoffwürfel

Vorbereitung: Keine

Durchführung: Es sollen möglichst große 4-stellige Zahlen gewürfelt werden. Die erste Gruppe beginnt; ein Schüler darf 4mal würfeln. Nach jedem Wurf muß er entscheiden, an welche Stelle er die Ziffer setzt. Würfelt er eine niedrige Ziffer, ist es ratsam, sie an die Einerstelle zu setzen. Eine hohe Ziffer sollte für die Tausenderstelle gewählt werden. Danach ist ein Schüler aus Gruppe 2 an der Reihe und würfelt ebenfalls 4mal. Die Gruppe, die die größere Zahl gewürfelt hat, erhält einen Punkt.
Für die 3. Klasse muß das Spiel entsprechend mit 3-stelligen Zahlen gespielt werden.

Variation:

1. Das Spiel läßt sich auch in drei Gruppen spielen mit entsprechender Punktverteilung.
2. Die Zahlen können miteinander verrechnet werden (Addition, Subtraktion usw.).

Stichwort: BLIND RECHNEN

Ziel: Rechenübung, Konzentration soll gefördert werden, es kann Ruhe in die Klasse gebracht werden.

Fächer: Mathematik

Klassenstufe: Ab 1

Voraussetzung: Keine

Sozialform: Beliebig

Zeit: ca. 5 Minuten

Material: Kein

Vorbereitung: Aufgaben ausdenken, dazu jeweils drei verschiedene Ergebnisse, wovon eins richtig ist.

Durchführung: Der Lehrer gibt die Anweisung, daß alle Schüler es sich jetzt bequem machen dürfen, die Augen schließen sollen und den Kopf auf die Arme und auf den Tisch legen sollen. Der Lehrer sagt die erste Aufgabe. Nach einer kurzen Zeit nennt er 3 verschiedene Ergebnisse. Bei dem richtigen Ergebnis heben die Schüler den Arm, ohne dabei aufzuschauen. Danach gibt der Lehrer das richtige Ergebnis bekannt, und es folgt die nächste Aufgabe.

Stichwort: STEUERZAHLEN

Ziel: Rechenübung, logisches Schließen

Fächer: Mathematik

Klassenstufe: Ab 3

Voraussetzung: Keine

Sozialform: Gruppen zu etwa 4 Schülern

Zeit: 10 Minuten

Material: Kein

Vorbereitung: Keine

Durchführung: Der Lehrer gibt 5 Zahlen vor, alle Rechenoperationen sind erlaubt. Durch möglichst günstige Verknüpfung und den einmaligen Gebrauch der Zahlen soll ein möglichst kleines Endergebnis erzielt werden. Jede Gruppe schreibt ihre Rechnung und das Ergebnis an die Tafel. Die Gruppe mit dem kleinsten Ergebnis ist Sieger.

Beispiel:

Vorgegeben: 32, 7, 11, 14, 8

32 : 8 + 14 - 11 - 7 = 0

Variation:

1. Die Zahlen dürfen je zweimal verwendet werden.
2. Ab Klasse 6: Die Grundmenge wird erweitert auf die ganzen Zahlen.

Stichwort: SANDWICH-METHODE

Ziel: Übung und Vertiefung der Grundrechenarten.

Fächer: Mathematik

Klassenstufe: Ab 1

Voraussetzung: Grundrechenarten

Sozialform: Gruppenarbeit, Klassenverband

Zeit: 10-20 Minuten

Material: Alte Zeitungen, dickschreibender Filzstife.

Vorbereitung: Auf die Doppelseiten der alten Zeitungen werden Rechenaufgaben geschrieben. Die Aufgaben müssen so gewählt sein, daß ca. 3-5 Aufgaben das gleiche Ergebnis ergeben. Nun fertigt man für jede Aufgabengruppe eine Zeitung mit der Lösung an.

In die Mitte jeder Seite schneidet man ein Loch, damit der Kopf durchpaßt.

Durchführung: Jeder Schüler bekommt eine Zeitung umgehängt und bildet so ein "Sandwich".

Die Schüler mit den "Ergebniszeitungen" stellen sich in die Ecken des Raumes. Die Schüler mit den "Aufgabenzeitungen" müssen sich nun den richtigen Ergebnissen zuordnen. Das Spiel ist beendet, wenn sich alle Aufgaben bei dem richtigen Ergebnis befinden.

Fächerüber-
greifend
hemie
Bi
Mathe-
matik
Deutsch
Physik
Geo-
grafie
Englisch

Stichwort: I SEE A THING

Ziel: Bildung von Aussage- und Fragesätzen in Englisch.

Fächer: Englisch

Klassenstufe: Ab 6

Voraussetzung: Keine

Sozialform: Zwei Gruppen

Zeit: Beliebig

Material: Kein

Vorbereitung: Keine

Durchführung: Alle Gegenstände sollen sich im Klassenraum befinden. Die Schüler verteilen sich auf eine Frage- und eine Antwortgruppe. Zu den Aufgaben der Antwortgruppe gehört es, den zu erratenden Gegenstand zu umschreiben, z.B. so: "I see a thing. It is blue."

"I see something. It's made of wood (glass, metal)."

Die Fragegruppe soll nun diesen Gegenstand erraten. "Is it the vase?" etc. Die Antworter dürfen nur mit "yes" or "no" antworten.

Variation: Einbau von Schwierigkeiten, z.B. nur der Anfangsbuchstabe ist gegeben oder auch gar kein Anhaltspunkt, und so müssen sich die Schüler bis zum Gegenstand hindurchfragen, z.B.
Is it big?; small?; on the wall?; is it black?.

<u>Stichwort:</u> TEXT-PUZZLE

<u>Ziel:</u> Alle Schüler sollen miteinander kommunizieren; Schüler sollen Satzaufbau kennenlernen; sprachliche Kreativität soll gefördert werden.

<u>Fächer:</u> Fächerübergreifend

<u>Klassenstufe:</u> Ab 5

<u>Voraussetzung:</u> Keine

<u>Sozialform:</u> Gruppenarbeit

<u>Zeit:</u> Beliebig

<u>Material:</u> Briefumschläge mit beliebig vielen Satzteilen und einzelnen Wörtern.

<u>Vorbereitung:</u> Der Lehrer sucht einen geeigneten Text aus, den er in Satzteile und Wörter zerschneidet und gemischt auf einzelne Briefumschläge so verteilt, daß jede Gruppe mindestens einen, ansonsten möglichst viele Sätze bilden kann.

<u>Durchführung:</u> Jeder Schüler der Gruppe bekommt einen Briefumschlag, dessen Inhalt er vor sich auf den Tisch legt. Ein Schüler nach dem anderen beginnt sein Wortmaterial vorzulesen, bis alle Wörter der Gruppe bekannt sind. Dann versuchen die Schüler der Gruppe gemeinsam ihr Wortmaterial zu Sätzen zu kombinieren. Sind alle Gruppen fertig, lesen diese ihre Ergebnisse vor, die dann besprochen werden können.

<u>Variation:</u> Als Einstieg für ein bestimmtes Thema in Deutsch, Englisch oder auch Erdkunde und Geschichte, kann sich der zu kombinierende Text auf das zu behandelnde Thema beziehen.

Stichwort: REISE NACH PRAG

Ziel: Erkennen von Systemen, Konzentrationsübung.

Fächer: Fächerübergreifend

Klassenstufe: Ab 3

Voraussetzung: Keine

Sozialform: Gruppen

Zeit: Beliebig

Material: Kein

Vorbereitung: Keine

Durchführung: Der Spielleiter sagt, daß er nach Prag reisen will und bittet einen Spieler ihm zu sagen, was dieser auf die Reise mitnehmen würde. Der Spielleiter sagt dann, ob der Spieler mitfahren kann. Dann fragt er einen anderen Spieler, was dieser nitnehmen will. Es ist so lange zu spielen, bis alle den Trick herausgefunden haben, wonach der Spielleiter urteilt:

Beispiele:
- Es muß ein Gegenstand mit "O" sein.
- Es muß etwas sein, was der linke Nachbar des Gefragten, der Gefragte selbst oder der Spielleiter an sich hat.
- Es muß etwas sein, daß im Raum ist.
- Es muß blau sein.

Stichwort: GROSSER KOFFER

Ziel: Anderen zuzuhören;
Schulung der Konzentrationsfähigkeit
Schulung des Gedächtnisses

Fächer: Fächerübergreifend

Klassenstufe: Ab 1

Voraussetzung: Keine

Sozialform: Gruppen

Zeit: Beliebig

Material: Gegenstände

Vorbereitung: Keine

Durchführung: Die Klasse wird je nach Größe in 2-3 Gruppen aufgeteilt; was bei einer kleinen Klasse nicht notwendig ist. Schüler A zeigt seinen Gegenstand und sagt: "Morgen fahre ich nach England und nehme mit: eine Taschenuhr." Schüler B sagt nun: "Morgen ... eine Taschenuhr, einen Kamm." So wird das Spiel fortgesetzt. Jeder Schüler zeigt seinen Gegenstand nur einmal und legt ihn dann gleich zurück in die Schultasche. Wer beim Wiederholen einen Gegenstand falsch nennt, scheidet aus.

Variation: Wird diese Übung im Englischunterricht durchgeführt (ab 5. Schuljahr), kann man die Ziele erweitern. Hinzu kämen z.B.

1. Übung der Aussprache
2. Erweiterung und Einprägung des Wortschatzes

Stichwort: NACHSCHLAGESPIEL

Ziel: Übung im Umgang mit Nachschlagewerken

Fächer: Fächerübergreifend

Klassenstufe: Ab 3

Voraussetzung: Keine

Sozialform: Klassenverband

Zeit: Beliebig

Material: Kein

Vorbereitung: Keine

Durchführung: Der Lehrer nennt einen Begriff, den die Schüler im Nachschlagewerk aufsuchen müssen. Als Antwort ist die Seite, eine Ergebnis oder ein Kapitel möglich.

Variation: Bei kleineren Kindern kann die Klasse in zwei Gruppen geteilt werden, um den Wettbewerb zu erhöhen.

Stichwort: ECKENWANDERN

Ziel: Aktivierung der schwächeren Schüler; Festigung des Erlernten.

Fächer: Mathematik, Sprachen, Gemeinschaftskunde.

Klassenstufe: Ab 2

Voraussetzung: Keine

Sozialform: Vier Gruppen

Zeit: Beliebig

Material: Kein

Vorbereitung: Keine

Durchführung: Die Startpositionen sind die vier Ecken des Klassenraumes. Der Lehrer stellt eine Aufgabe, die von je vier Schülern der gebildeten Gruppen gemeinsam gelöst werden sollen. Derjenige, der die Aufgabe zuerst richtig gelöst hat, darf im Uhrzeigersinn eine Ecke weiterrücken. Wer zuerst die Ausgangsposition erreicht hat, beendet das Spiel.

Stichwort: RÜCKENSTÄRKUNG

Ziel: Wahrnehmungsfähigkeit entwickeln; Kommunikationsfähigkeit entwickeln; Eigene Standpunkte finden und einbringen; Aktivere Teilnahme der Schüler am Unterrichtsgespräch.

Fächer: Fächerübergreifend

Klassenstufe: Ab 4

Voraussetzung: Keine

Sozialform: Partnergespräch, dann Gruppenarbeit

Zeit: ca. 20 Minuten

Material: Kein

Vorbereitung: Keine

Durchführung: Es wird ein Thema vorgegeben, über das diskutiert werden soll. Jedes Gruppenmitglied sucht sich jetzt einen Partner und diskutiert mit ihm das Thema. Man spricht sich ab und setzt sich hintereinander in einen Kreis. Sind in der Gruppe 16 Leute, so gibt es 8 "innere" Spieler und 8 "äußere". Die "inneren" beginnen mit der Diskussion. Sie werden von den "äußeren" mit Argumenten unterstützt.

Variation:

1. Der "äußere" kann durch Platztausch direkt an der Diskussion teilnehmen.
2. Hinter jedem "inneren" Spieler sitzen zwei weitere Spieler.

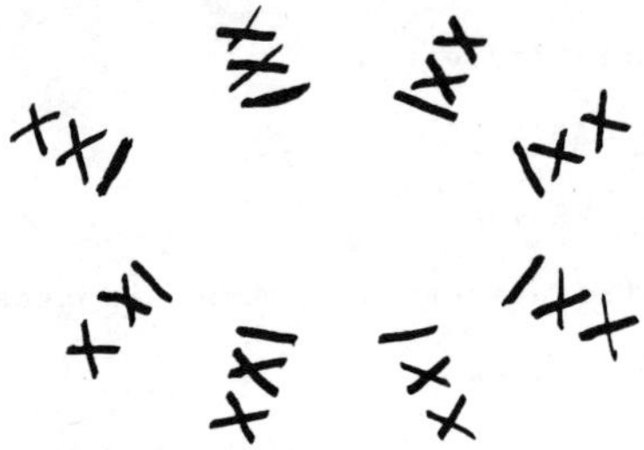

3. Es wurde vorher in Partnerarbeit eine Diskussionsgrundlage erarbeitet.

Stichwort: REIMEN MIT "KEIN ... OHNE"

Ziel: Phantasie aktivieren

Fächer: Fächerübergreifend

Klassenstufe: Ab 3

Voraussetzung: Keine

Sozialform: Keine

Zeit: ca. 10 - 15 Minuten

Material: Kein

Vorbereitung: Keine

Durchführung: Ein Kind beginnt mit einer Zeile eines Reimes, in der "kein ... ohne" vorkommt, z.B. "Kein Wasser ohne Schiff". Das nächste Kind muß so fortfahren, daß sich das folgende "kein ... ohne"-Beispiel auf das erste reimt, also z.B. "Kein Strand ohne Riff". Es denkt sich jetzt eine neue Zeile aus, z.B. "Kein Stecker ohne Strom", das nächste Kind fährt fort "Keine Stadt ohne Dom" usw.

Variation: Alle "kein ... ohne"-Beispiele müssen sich auf ein bestimmtes Fach (z.B. Geographie) beziehen, z.B. "Kein Land ohne Fluß".....usw.

Stichwort: ROBOTER

Ziel: Etwas Gemeinsames schaffen; Koordination von Arbeitsgängen.

Fächer: Fächerübergreifend

Klassenstufe: Ab 2

Voraussetzung: Schüler müssen mit Schere und Klebstoff umgehen können.

Sozialform: Gruppen

Zeit: 1 - 2 Unterrichtsstunden

Material: Von Schülern gesammeltes Material, z.B. Waschmittelkartons, Zigarettenschachteln etc. Klebstoff, Scheren, Buntstifte oder Wasserfarben, buntes Papier.

Vorbereitung: Keine

Durchführung: Jede Gruppe sortiert ihr Material nach Größe und Form und baut nach eigenen Vorstellungen, die im Gruppengespräch durchgespielt werden müssen, ihren Roboter.
Die einzelnen Arbeitsgänge sollten unter den Schülern aufgeteilt werden: Zurechtschneiden der Einzelteile des Roboters, Bemalen oder Bekleben der Einzelteile, Zusammenkleben der Einzelteile.
Gegenseitige Hilfe ist dabei aber nicht ausgeschlossen.

Stichwort: WÖRTER VERSTECKEN ZAHLEN

Ziel: Konzentrationsübung, Rechtschreibübung und Additionsübung

Fächer: Mathematik, Deutsch

Klassenstufe: Ab 3

Voraussetzung: Keine

Sozialform: Beliebig, evtl. in Gruppen

Zeit: Von der Länge der Geschichte abhängig, ca. 10 Minuten.

Material: Kein

Vorbereitung: Der Lehrer muß sich eine kleine Geschichte ausdenken, in deren Wörter möglichst viele Zahlwörter versteckt sind.

Durchführung: Der Lehrer liest die Geschichte langsam vor. Die Schüler müssen genau aufpassen und die Zahlwörter, die in der Geschichte vorkommen, herausfinden und aufschreiben.
Zum Schluß sollen alle Zahlen addiert werden. Ziel ist es, möglichst die richtige Zahl zu errechnen.

Beispiel: Einmal saßen sechs Wachtmeister im Revier und spielten Klavier.

1 + 6 + 8 + 4 + 4 = 23

Lit.-Hinweis: Heinemann (1976)

<u>Stichwort:</u> STICHWORT-TEXT

<u>Ziel:</u> Die Schüler sollen den Inhalt längerer Texte sinnvoll zusammenfassen können.

<u>Fächer:</u> Deutsch, Geschichte, Geographie, Biologie.

<u>Klassenstufe:</u> Ab 4

<u>Voraussetzung:</u> Keine

<u>Sozialform:</u> Gruppen

<u>Zeit:</u> ca. 20 Minuten

<u>Material:</u> Auf Matrize vorbereitete Texte.

<u>Vorbereitung:</u> Der Lehrer muß für jeden Schüler einen Text bereit haben.

<u>Durchführung:</u> Die Klasse wird in Gruppen zu je 4 Schülern aufgeteilt. In diesen Gruppen erhält jeder Schüler den gleichen Text. Diesen Text soll nun jeder in Stichworten schriftlich zusammenfassen. Anschließend wird der Stichworttext zum Nachbarn weitergereicht, der ihn korrigiert und ergänzt. Das wird so oft wiederholt, bis jeder Schüler seinen eigenen Text zurückbekommen hat. Anschließend wird in der Gruppe eine sinnvolle Inhaltsangabe besprochen. Das Ergebnis jeder Gruppe wird später der Klasse vorgetragen.

<u>Variation:</u> Die Zusammenfassungen können der Reihe nach mündlich vorgenommen werden. Die Mitschüler ergänzen oder korrigieren den Vortrag unmittelbar.

Stichwort: DREI DINGE

Ziel: Förderung der Kombinationsgabe, Anregung der Phantasie.

Fächer: Deutsch, Fremdsprachen, Mathematik

Klassenstufe: Ab 1

Voraussetzung: Keine

Sozialform: Beliebig

Zeit: Beliebig

Material: Kein

Vorbereitung: Keine

Durchführung: Ein Schüler beginnt damit, daß er drei Hauptwörter mit den gleichen Anfangsbuchstaben nennt, aus denen dann sein Nachbar oder ein beliebiger Schüler einen Satz zu bilden hat. Dieser nennt wieder drei andere Worte und ruft einen anderen auf.

Variation: Man kann statt Worten auch Zahlen benutzen. Die Schüler sollen die Beziehung der Zahlen untereinander herausfinden.

Stichwort: DICHTERLEHRLING

Ziel: Ausdrucksfähigkeit üben

Fächer: Deutsch, Sachkunde, Geschichte

Klassenstufe: Ab 1

Voraussetzung: Keine

Sozialform: Gruppen

Zeit: Beliebig

Material: Kein

Vorbereitung: Keine

Durchführung: Jeder Schüler der Gruppe denkt sich ein Hauptwort aus. Einer meldet sich freiwillig und beginnt, um sein Wort herum eine Geschichte zu erzählen. Nach den einleitenden Worten deutet er auf einen Schüler, der sein Wort nennt.

Der Dichterlehrling muß nun ohne zu zögern dieses Wort in seine Geschichte einflechten. Wenn er alle Worte der Gruppe eingeflochten hat, kommt ein anderer Spieler an die Reihe und es werden neue Worte ausgedacht. Noch schwieriger wird es für den Dichterlehrling, sich nicht verblüffen zu lassen, wenn die betreffenden Worte sofort bei Nennung ihren Platz in einem Satz haben z.B. "...da öffnete der Prinz das Kästchen, und er fand darin... eine Bratpfanne... aus purem Gold...".

Stichwort: THEATERSPIEL

Ziel: Freies Auftreten vor der Klasse; freies Sprechen.

Fächer: Fächerübergreifend

Klassenstufe: Ab 1

Voraussetzung: Keine

Sozialform: Beliebig

Zeit: Beliebig

Material: Kein

Vorbereitung: Keine

Durchführung: Ein Schüler stellt seinen Gegenstand in einem "Theaterstück" dar. Die anderen versuchen, den Gegenstand zu erraten.

Variation: Mehrere Schüler stellen gemeinsam ihre Gegenstände in einem "Theaterstück" dar.

Stichwort: WÖRTERBUCH

Ziel: Begriffserklärungen geben

Fächer: Fächerübergreifend

Klassenstufe: Ab 1

Voraussetzung: Keine

Sozialform: Gruppen

Zeit: Beliebig

Material: Kein

Vorbereitung: Keine

Durchführung: Es geht darum, Begriffe, die heute viel benutzt werden, aber oft nur mangelhaft verstanden werden, den Spielern transparenter zu machen, z.B. autoritär, emanzipatorisch. Der Begriff wird entweder vom Spielleiter vorgegeben oder von den Spielern vorgetragen. Ein Spieler fängt die Gesprächsrunde an, indem er einen kurzen Satz zur Erläuterung gibt. Sein rechter Nachbar ergänzt oder verbessert diese Äußerung, dann kommt der nächste Spieler an die Reihe. Es geht darum, daß jeder etwas sagt und nicht nur die Sprachgewandtesten des Kreises. Allerdings hat jeder andere Spieler (und der Spielleiter) die Möglichkeit, durch Handzeichen einzugreifen, wenn er meint, daß eine falsche Aussage gemacht wurde. Danach wird bei dem Spieler weitergemacht, bei dem unterbrochen worden ist.

Variation: Begriffserklärungen durch Rollenspiele.

Stichwort: HANDWERK

Ziel: Jeder Schüler soll in der Gruppe ein fertiges Produkt eines vorgegebenen handwerklichen Berufes zeichnen und mündlich beschreiben.

Fächer: Deutsch, Sachkunde, Zeichnen

Klassenstufe: Ab 1

Voraussetzung: Keine

Sozialform: Gruppen

Zeit: 10 - 15 Minuten

Material: Papier, Stifte (bzw. Farbe und Pinsel)

Vorbereitung: Keine

Durchführung: Lehrer teilt jeder Gruppe eine Berufsbezeichnung aus dem Handwerk zu mit der Aufgabe, fertige Produkte dieses Handwerks zeichnerisch darzustellen und mündlich zu beschreiben (Form, Farbe, Material, Fertigungsgang).

Variation: Produkte können - wenn möglich - durch eine Handlung oder ein Spiel dargestellt werden.

Stichwort: BLINDFÜHLEN

Ziel: Sensomotorische Fähigkeiten fördern und differenzieren.

Fächer: Fächerübergreifend

Klassenstufe: Ab 1

Voraussetzung: Keine

Sozialform: Klassenverband, Gruppen

Zeit: Beliebig

Material: Kein, für die Variation Holz, Plastik, Möbel u.a. Gegenstände.

Vorbereitung: Keine, für die Variation Material bereitstellen.

Durchführung: Einem Schüler werden die Augen verbunden. Die anderen ordnen sich stehend oder sitzend in Kreisform um diesen Schüler. Der "blinde" Schüler muß jetzt einen Schüler aus dem Kreis ertasten und seinen Namen nennen. Einen besonderen Reiz bekommt das Spiel, wenn der "blinde" Schüler immer nennt, was er gerade zu ertasten glaubt.

Stichwort: DALLI, DALLI

Ziel: Förderung der Reaktionsschnelligkeit und Spontaneität.

Fächer: Fächerübergreifend

Klassenstufe: Ab 2

Voraussetzung: Keine

Sozialform: Gruppen zu zwei Schülern

Zeit: Beliebig

Material: Schreibmaterial

Vorbereitung: Keine

Durchführung: Um möglichst viele Schüler zu beschäftigen, ist es ratsam, die Kinder in Zweiergruppen zusammenarbeiten zu lassen. Der Lehrer gibt ein Stichwort oder Thema, beispielsweise zu einer vorangegangenen Unterrichtsstunde. In einer Zeit von 15 oder mehr Sekunden sollen die Schüler alles aufzählen, was sie darüber spontan wissen. Der benachbarte Schüler fungiert als Schiedsrichter und zählt die Punkte. Nach jeder Runde wird gewechselt.

Variation: Zur besseren Kontrolle des Lehrers kann dieses Spiel auch schriftlich durchgeführt werden, indem die Schüler in einer bestimmten Zeitspanne alles aufschreiben. Der Lehrer hat die Möglichkeit, die Zettel einzusammeln und anhand der einzelnen Punkte ein Unterrichtsgespräch anzuknüpfen. Bei einem noch nicht behandelten Thema kann er sich auf diese Weise über den Wissensstand seiner Schüler informieren.

Stichwort: HASENSCHIEßEN

Ziel: Gelerntes festigen

Fächer: Fächerübergreifend

Klassenstufe: Ab 2

Voraussetzung: Keine

Sozialform: Zwei Gruppen

Zeit: Beliebig

Material: Kein

Vorbereitung: Keine

Durchführung: Alle Schüler setzen sich auf die Tische ihrer Klasse. Der Lehrer benennt einen Schüler aus einer Gruppe, der sich einen Gegner aus der anderen Gruppe sucht. Die beiden Kinder stellen sich hin und bekommen eine Aufgabe gestellt.
Der zuerst richtig Antwortende bleibt stehen und sucht sich einen neuen Gegner aus der anderen Gruppe. Der Verlierer muß sich setzen und gilt als "abgeschossen".
Es hat die Gruppe verloren, deren Mitglieder zuerst alle "abgeschossen" sind.

Variation: Wenn ein Schüler drei Gegner "abgeschossen" hat, wird gewechselt.

Stichwort: OUR NEIGHBOUR'S CAT

Ziel: Adjektive bzw. Beiwörter für die Katze finden.
Gleichzeitig Wortschatzübung.

Fächer: Englisch, Deutsch, Französisch

Klassenstufe: Ab 6

Voraussetzung: Keine

Sozialform: Beliebig

Zeit: Beliebig

Material: Kein

Vorbereitung: Keine

Durchführung: Jeder Schüler - der Reihe nach - gibt der Katze - dem Alphabet folgend - ein neues Beiwort. Es kann so beginnen: "Our neighbour's cat is an angry cat!" und fortgesetzt werden mit "bad, clever, dirty, early, fat, grey, hungry, keen etc. X und Z werden ausgelassen. Wer zweimal nicht weiterwußte, scheidet aus.

Variation: Die Übung kann wiederholt werden mit dem letzten Buchstaben des Alphabets.

Stichwort: FAKTEN FINDEN

Ziel: Wiederholung und Festigung von Wissen.

Fächer: Fächerübergreifend

Klassenstufe: Ab 2

Voraussetzung: Keine

Sozialform: Zweier-Gruppen

Zeit: 20 - 30 Minuten

Material: Pro Schüler je ein Kärtchen

Vorbereitung: Es müssen jeweils zwei zusammengehörige Fakten aus einem behandelten Stoff zusammengestellt werden. Diese werden allerdings auf zwei getrennte Kärtchen geschrieben. Die Anzahl der Fakten wird durch die Klassenfrequenz bestimmt.

Durchführung: Jeder Schüler zieht ein Kärtchen und sucht dann einen Partner, auf dessen Karte ein Begriff steht, der analog zu dem seinen ist. Haben sich alle Schüler zu Zweier-Gruppen zusammengefunden, so muß jede Gruppe erklären, warum ihre Begriffe zusammengehören.

Hinweis: Im Unterricht muß vorher ein komplexes Thema durchgenommen worden sein.

Stichwort: AN-DER-WAND-STEHEN SPIEL

Ziel: Wiederholung eines Sachgebietes

Fächer: Fachübergreifend

Klassenstufe: Ab 2

Voraussetzung: Keine

Sozialform: Klassenverband

Zeit: ca. 15 Minuten

Material: Kein

Vorbereitung: Keine

Durchführung: Den Schülern ist ein bestimmtes Sachgebiet bekannt. Alle Schüler stehen an einer Wand. Der Lehrer stellt eine Frage aus dem bekannten Sachgebiet. Diejenigen Schüler, die meinen, die Frage richtig beantworten oder erklären zu können, setzen sich auf Stühle. Diese Schüler sollen nun versuchen, ihren Mitschülern, die an der Wand noch stehen, die Frage zu erläutern und helfen, daß diese ebenfalls antworten können.
Derjenige Schüler, der ohne Erfolg die Frage zu klären versucht, muß wieder an die Wand.
Derjenige Schüler, der durch Mithilfe seines Mitschülers die Antwort errät, kann sich setzen.

Variation: Anstatt sich an die Wand zu stellen, können die Schüler sich auch auf die Tische setzen.

Stichwort: NOTENRATEN

Ziel: Ausprägung des musikalisch-melodischen Empfindens.

Fächer: Musik

Klassenstufe: Ab 6

Voraussetzung: Kenntnis der Noten

Sozialform: Einzelarbeit

Zeit: Beliebig

Material: Musikinstrument sollte vorhanden sein.

Vorbereitung: Keine

Durchführung: Der Lehrer schreibt das unvollständige Notenbild einer Harmonieabfolge (z.B. Volkslied) an die Tafel und spielt diese Melodie den Schülern vor. Die Aufgabe der Schüler besteht darin, die fehlenden Noten einzufügen, die Stellung im Notenliniensystem zu finden und die Note zu benennen. Zur Überprüfung spielt der Lehrer die nun vollständige Melodie vor.

Anmerkung: Es ist nicht nur eine Lösung denkbar, da ein harmonischer Klang auch dann möglich ist, wenn die Noten nicht an der durch das Lied vorbestimmten Stelle stehen.

Stichwort: PAPAGEIEN-GESPRÄCH

Ziel: Zuhören lernen, Gehörtes wiedergeben können.

Fächer: Fächerübergreifend

Klassenstufe: Ab 1

Voraussetzung: Keine

Sozialform: Partnerübung

Zeit: ca. 15 Minuten

Material: Gegenstände der Schüler

Vorbereitung: Keine

Durchführung: Es werden Paare gebildet.
Die Paare einigen sich auf ein Gesprächsthema, das sich mit jeweils einem der beiden Gegenstände befaßt. Ein Schüler beginnt zu erzählen. Er darf von dem anderen Schüler nicht unterbrochen werden. Kommt der zweite Schüler an die Reihe, so muß er, bevor er mit der Geschichte fortfährt, erst inhaltlich genau das wiederholen, was der erste Schüler gesagt hat.

Variation: Obige Methode mit einem jeweils dritten Schüler, der darauf achtet, daß die Regel eingehalten wird.

Stichwort: KEINE ZEIT FÜR LANGE REDEN

Ziel: Verbesserung der Ausdrucksfähigkeit

Fächer: Fächerübergreifend

Klassenstufe: Ab 3

Voraussetzung: Keine

Sozialform: Gruppenarbeit

Zeit: Beliebig

Material: Kein

Vorbereitung: Keine

Durchführung: Jede Gruppe wählt einen Sprecher. Der Lehrer setzt einen Themenbereich fest, der von drei der vier Gruppen kurz und präzise formuliert wiedergegeben werden muß. Die vierte Gruppe bildet die Jury und bewertet die Vorträge.

Stichwort: WOHNUNGSSUCHE

Ziel: Schulung der verbalen Ausdrucksfähigkeit

Fächer: Deutsch, Gemeinschaftskunde

Klassenstufe: Ab 1

Voraussetzung: Keine

Sozialform: Klassenverband, Gruppen

Zeit: Beliebig

Material: Alte Zeitungsanzeigen

Vorbereitung: Anzeigen aussuchen

Durchführung: Die Schüler werden aufgeteilt in Vermieter und Wohnungssuchende. Der Vermieter benennt einige Anzeigen, deren Wohnungen er hat. Der Wohnungssuchende versucht jetzt, eine der Wohnungen zu mieten.
Es soll hierbei grundsätzlich vom Anzeigentext ausgegangen werden, um die möglichen Inhalte kennenzulernen.

Variation: Autokauf, Stellensuche usw.

<u>Stichwort:</u> FARBKREISMALEN

<u>Ziel:</u> Fähigkeit, Farben zu mischen.

<u>Fächer:</u> Kunst

<u>Klassenstufe:</u> Ab 1

<u>Voraussetzung:</u> Keine

<u>Sozialform:</u> Einzelarbeit

<u>Zeit:</u> 45 Minuten

<u>Material:</u> Gelbe, blaue und rote Tuschfarben, Papier, Pinsel, eine Banane, eine Zitrone, eine Apfelsine, eine Pflaume, ein roter und ein grüner Apfel, eine Nuß.

<u>Vorbereitung:</u> Keine

<u>Durchführung:</u> Der Lehrer nennt die drei Grundfarben: Blau, Gelb und Rot. Dann zeigt er die oben genannten Gegenstände und stellt die Aufgabe, diese Gegenstände farblich genau nachzumalen. Durch Probieren sollen die Schüler selbst herausfinden, welche Farbkombinationen die Mischfarben ergeben.

<u>Variation:</u> Durch Probieren sollen die Schüler ebenfalls herausfinden, daß durch große und kleine Farbmengen beim Mischen unterschiedliche Farbvarianten entstehen können.

<u>Stichwort:</u> BILD UND GESCHICHTE

<u>Ziel:</u> 1. Einübung der Fertigkeit im Figurenzeichnen (Haus, Mensch etc.);
2. Formulierung von Sätzen;
3. Gegenseitiges Helfen innerhalb der Gruppe, Akzeptieren bzw. gerechtes Beurteilen der Leistung des anderen.

<u>Fächer:</u> Deutsch, Geschichte, Erdkunde, Biologie

<u>Klassenstufe:</u> Ab 2

<u>Voraussetzung:</u> Keine

<u>Sozialform:</u> Gruppen

<u>Zeit:</u> ca. 30 Minuten

<u>Material:</u> Zeichenpapier oder Tapetenreste, Wasserfarben, Pinsel, Glas Wasser pro Gruppe.

<u>Vorbereitung:</u> Jede Gruppe erhält ein großes Blatt Zeichenpapier bzw. Tapete (50 x 50 cm), auf dem ein Bestandteil des Bildes schon aufgemalt ist, z.B. ein Haus, ein Baum, die Sonne etc.

<u>Durchführung:</u> Die Schüler bilden Gruppen zu je fünf Schülern. Jede Gruppe erhält ein 50x50 cm großes Blatt Zeichenpapier, auf dem ein Bestandteil eines Bildes schon aufgemalt ist, z.B. ein Haus, eine Blume etc. Jede Gruppe erhält die Aufgabe, das begonnene Bild so zu vervollständigen, daß am Ende eine Geschichte dazu erzählt werden kann. Jeder Schüler soll seinen Beitrag dazu leisten, indem er das Bild um einen Bestandteil und damit die Geschichte um einen Satz erweitert.

Beispiel: "Am Ende der Straße steht unser Haus." (Vorgegeben)

1. Schüler "Hinter unserem Haus liegt ein großer Garten."
2. Schüler "Dort spielen wir immer mit unseren Freunden."

usw.

Während der Gruppenarbeit soll jeder Schüler erläutern, was er zum Bild hinzufügen möchte, und wie er seinen Satz formulieren will. Beim Malen und beim Formulieren der Sätze können die Schüler sich gegenseitig helfen. Am Schluß der Stunde soll jede Gruppe ihr Bild und ihre Geschichte der ganzen Klasse vorstellen, indem jeder Schüler "seinen" Satz zu seinem Beitrag erzählt.

Variation: Die Schüler erhalten Themen, z.B. Frühling, Sommer, Herbst und Winder, so daß die Klasse insgesamt eine Bilderfolge erarbeitet.

Stichwort: GEDÄCHTNISLÜCKE

Ziel: Sprechübung

Fächer: Deutsch, Englisch, Französisch

Klassenstufe: Ab 3

Voraussetzung: Keine

Sozialform: Gruppen

Zeit: ca. 30 Minuten

Material: Jeder Schüler bringt einen kleinen Gegenstand mit.

Vorbereitung: Schüler setzen sich an Gruppentischen zusammen.

Durchführung: Ein Schüler erzählt eine Geschichte über seinen mitgebrachten Gegenstand. Jedesmal, wenn er den Gegenstand nennen müßte, tut er so, als ob er den Namen vergessen hätte. Die übrigen Schüler versuchen, den Gegenstand zu erraten. Dann erzählt der nächste Schüler seine Geschichte.

Variation: Ausdehnung auf Fremdsprachen

Stichwort: BUCHSTABENRÄTSEL

Ziel: Wiederholung eines Sachgebietes

Fächer: Deutsch, Biologie, Geschichte, Erdkunde

Klassenstufe: Ab 3

Voraussetzung: Keine

Sozialform: Einzelarbeit

Zeit: 15 Minuten

Material: Tafel und Kreide

Vorbereitung: Keine

Durchführung: Der Lehrer schreibt den Anfangs- und Endbuchstaben eines Wortes aus dem bekannten Sachgebiet an die Tafel. Ein Schüler soll nun die fehlenden Buchstaben erraten und eintragen. Bei der richtigen Lösung der Aufgabe soll der Schüler das nächste Rätsel an die Tafel schreiben.

Beispiel: Erdkunde Thema Städte

Tafelanschrieb: H . . . . . G

Lösung: H A M B U R G

Stichwort: STADTRUNDFAHRT

Ziel: Reaktions- und Konzentrationstraining

Fächer: Geographie

Klassenstufe: Ab 3

Voraussetzung: Keine

Sozialform: Klassenverband

Zeit: Beliebig

Material: Kein

Vorbereitung: Keine

Durchführung: Die Schüler sitzen hintereinander oder im Kreis. Der Reiseleiter muß die Gruppe gut übersehen können. Er macht mit den Reisenden eine Rundfahrt durch eine Stadt (Heimatstadt oder im Unterricht besprochene Stadt). Er führt dabei die Sehenswürdigkeiten auf, an denen sie vorbeikommen. Bei richtig genannten Sehenswürdigkeiten stehen die Schüler auf, um anzuzeigen, daß sie aussteigen wollen. Bei falschen Angaben bleiben sie sitzen und machen den Reiseleiter auf den Fehler aufmerksam.

Stichwort: KREUZWORTRÄTSEL

Ziel: Einprägen und Wiederholen von Begriffen und Fakten.

Fächer: Fachübergreifend

Klassenstufe: Ab 4

Voraussetzung: Keine

Sozialform: Einzelarbeit; auch Gruppenarbeit möglich.

Zeit: Beliebig

Material: Ein vom Lehrer entworfenes, unterrichtsspezifisches "Kreuzworträtsel".

Vorbereitung: "Kreuzworträtsel" entwerfen und vervielfältigen.

Durchführung: Die Schüler sollen das "Kreuzworträtsel" ausfüllen. Sozialform bestimmen. Wettkampfsituation schaffen: "Wer als erster, zweiter und dritter das Lösungswort hat, der..."
Am Ende aller Ergebnisse für eine Lernzielkontrolle einsammeln. Das Kreuzworträtsel kann auch als Hausaufgabe gegeben werden.

Variation:

1. Die Schüler selbst können ein solches "Kreuzworträtsel" erarbeiten.
   Wenn das Kreuzworträtsel höhere Anforderungen an die Schüler stellt, so kann man je nach Größe des Rätsels 1-2 Joker zulassen, d.h. der Lehrer ergänzt ein bis zwei Ausdrücke, die dem Schüler bzw. dem Team fehlen.

2. Als Vorstufe zu dem Kreuzworträtsel kann das Silbenrätsel eingeführt werden, das in seiner Vorbereitung und Durchführung wesentlich einfacher ist.

<u>Stichwort:</u> NACHEMPFINDEN

<u>Ziel:</u> Die Schüler sollen Quellen genau analysieren und deren Zusammenhänge begreifen können.

<u>Fächer:</u> Geschichte

<u>Klassenstufe:</u> Ab 6

<u>Voraussetzung:</u> Die geschichtlichen Zusammenhänge einer bestimmten Epoche müssen besprochen sein.
Die Schüler müssen Texte analysieren und zusammenfassen können.

<u>Sozialform:</u> Gruppen

<u>Zeit:</u> ca. 15 Minuten

<u>Material:</u> Geschichtsquellen

<u>Vorbereitung:</u> Der Lehrer muß themengleiche Quellen einer bestimmten Zeit heraussuchen. Die Schüler müssen diese Texte zu Hause durcharbeiten.

<u>Durchführung:</u> Die Klasse wird in so viele Gruppen aufgeteilt, wie unterschiedliche Quellen vorhanden sind. Es wird nun eine Diskussion dieser Gruppen zu dem in den Texten behandelten Thema durchgeführt, bei der jede Gruppe nur die Argumente ihres Textes vertreten darf. (Der Lehrer sollte jede fremde Argumentation zurückstellen.) Das Ergebnis der Diskussion wird von der ganzen Klasse zusammengefaßt und mit den geschichtlichen Entscheidungen verglichen.

Variation: Die Quellen werden schon im Unterricht besprochen und analysiert. Die Schüler wählen dann eine Gruppe, die den persönlichen Standpunkt am besten vertritt.

Stichwort: BEGRÜNDUNG

Ziel: Vortrag vor der Gruppe,
Begründung der Handlung.

Fächer: Fächerübergreifend

Klassenstufe: Ab 3

Voraussetzung: Keine

Sozialform: Gruppe

Zeit: 7 - 10 Minuten

Material: Mitgebrachter Gegenstand

Vorbereitung: Keine

Durchführung: Innerhalb einer Gruppe (je nach Klassenstärke zwischen 4-6 Schüler) trägt jeder Schüler vor, warum er gerade "diesen Gegenstand" mitgebracht hat. Er soll den anderen Schülern einen evtl. Zusammenhang zwischen ihm und dem Gegenstand verdeutlichen und ihnen mitteilen.
Dabei lernt der Schüler, sein Handeln zu begründen und gewöhnt sich an das Sprechen vor der Gruppe.
Der Lehrer hört abwechselnd bei den einzelnen Gruppen zu.

Stichwort: FRAGERUNDE

Ziel: Einüben im Fragenstellen

Fächer: Fächerübergreifend

Klassenstufe: Ab 3

Voraussetzung: Keine

Sozialform: Gruppe

Zeit: 15 - 20 Minuten

Material: Mitgebrachter Gegenstand

Vorbereitung: Keine

Durchführung: Aufteilung der Klasse in mehrere kleine Gruppen. Ein Schüler wird der Reihe nach von seinen Mitschülern nach Eigenschaften seines Gegenstandes befragt. Bei einer Ja-Antwort darf weiter gefragt werden. Der Schüler, der den Gegenstand errät, ist der nächste der befragt wird.

Variation:

1. Vorschreiben der Fragen durch den Lehrer
2. Anzahl der Fragen begrenzen
3. Erraten aller Gegenstände zugleich. Jeder Schüler darf jeden Mitschüler befragen (einzeln), ansonsten Durchführung wie oben.

Stichwort: GEGENSTÄNDERATEN

Ziel: Gedächtnisübung

Fächer: Fächerübergreifend

Klassenstufe: Ab 1

Voraussetzung: Keine

Sozialform: Erst Kreis, dann Gruppen zu fünft

Zeit: 10 - 20 Minuten

Material: 15 - 20 verschiedene Gegenstände

Vorbereitung: Keine

Durchführung: Die Klasse sitzt im Kreis. Auf dem Boden innerhalb des Kreises liegen 15-20 verschiedene Gegenstände, z.B. ein Bleistift, ein Nagel, ein kleiner Ball, eine Schere usw. Die Kinder haben eine Minute Zeit, die Gegenstände anzusehen. Sie dürfen nicht angefaßt werden. Nach einer Minute wird ein Tuch über die Gegenstände gebreitet. Die Kinder gehen nun zu fünft zusammen in eine Ecke des Raumes und verfertigen eine Liste aller Gegenstände. Dann setzen sich alle wieder in den Kreis, und jede Gruppe liest ihre Liste vor und prüft sie auf Richtigkeit und Vollständigkeit.

Variation: Das gleiche Spiel, aber die Gegenstände werden ohne aufzuschreiben vorgetragen.
Das gleiche Spiel, aber die Gegenstände beziehen sich auf ein bestimmtes Fach.

Stichwort: GEGENSTANDSRÄTSEL

Ziel: Die Schüler sollen lernen, vor einer Gruppe zu sprechen; sie sollen lernen, Gegenstände genau zu beschreiben.

Fächer: Deutsch, Sachkunde, Biologie

Klassenstufe: Ab 2

Voraussetzung: Keine

Sozialform: Gruppen von ca. 7-10 Schülern

Zeit: 15-20 Minuten

Material: Von den Schülern mitgebrachte Gegenstände; mehrere Plastiktaschen - je nach Gruppenzahl.

Vorbereitung: Jeder Schüler muß einen kleinen, in Papier gewickelten Gegenstand mitbringen.

Durchführung: Es werden Gruppen gebildet. Jede Gruppe bekommt eine Plastiktüte, in welche die mitgebrachten Gegenstände gelegt werden. Jetzt werden die Tüten unter den Gruppen ausgetauscht, damit kein Schüler sein eigenes Päckchen in der Gruppe hat. Nun muß sich jeder Schüler ein Päckchen nehmen, den Gegenstand auspacken - dabei darf kein anderer diesen Gegenstand sehen - und ihn sich genau anschauen.
Jetzt beschreibt jeder Schüler den in seinen Händen befindlichen Gegenstand möglichst genau, ohne ihn zu nennen. Die anderen Schüler müssen versuchen, ihn zu erraten und die Lösung auf einen Zettel schreiben. Wenn alle Gegenstände beschrieben worden sind, werden die Gegenstände der Reihe nach gezeigt, damit die Schüler vergleichen können, ob und was sie richtig erkannt haben.

Stichwort: FORTSETZUNGSGESCHICHTE

Ziel: Zuhören lernen, Gedächtnis trainieren, eigene Gedanken werden verbalisiert.

Fächer: Fächerübergreifend

Klassenstufe: Ab 2

Voraussetzung: Keine

Sozialform: Gruppen

Zeit: 5 - 10 Minuten

Material: Kein

Vorbereitung: Keine

Durchführung: Der Lehrer gibt ein Stichwort zu einem Thema, das sich auf den jeweiligen Unterrichtsstoff beziehen kann (aber nicht muß).
Innerhalb der Gruppe bildet ein Schüler einen Satz, der das vorgegebene Thema betrifft. Dann darf er ein anderes Gruppenmitglied bestimmen, das diesen Satz sinngemäß wiederholt und - wieder bezogen auf das Thema - einen 2. Satz formuliert. So geht es weiter, bis jeder Schüler einen eigenen Satz gebildet hat.
Da in den Gruppen sicher unterschiedliche Ergebnisse zustande kommen, kann der Lehrer diese "Geschichten" vortragen lassen.

Beispiel:
Stichwort "Wohnen" (2. Schuljahr)

1. Schüler: Es gibt unterschiedliche Häuserarten, in denen wir wohnen.

2. Schüler: Menschen leben in unterschiedlichen Häusern. Sie können in Hochhäusern, Etagenhäusern, Einfamilienhäusern usw. wohnen.

3. Schüler: Menschen leben unterschiedlich, z.B. in Hochhäusern etc. Die Häuser oder Wohnungen sind aufgeteilt in Zimmer.

4. Schüler: ....

Stichwort: FRAGE UND ANTWORT

Ziel: Wiederholung und Festigung des Erlernten.

Fächer: Für alle Fächer geeignet

Klassenstufe: Ab 2

Sozialform: Die Klasse wird in zwei gleichgroße Gruppen (A und B) geteilt.

Zeit: Beliebig

Material: Kein

Vorbereitung: Keine

Durchführung: Die Klasse wird in zwei gleichgroße Gruppen (A und B) geteilt. Jeder Schüler soll sich aus dem behandelten Unterrichtsstoff eine Frage ausdenken. Dann beginnt Gruppe A mit der Befragung. Jeweils ein Schüler aus Gruppe A stellt eine Frage an einen Schüler der Gruppe B. Ist der Befragte nicht in der Lage, die Frage zu beantworten, so erhält Gruppe A einen Punkt, nachdem der Fragende die Frage selbst beantwortet hat. Nun darf ein anderer Schüler aus Gruppe A eine Frage an einen Schüler der Gruppe B stellen. Kann dieser die Frage beantworten, so erhält Gruppe B einen Punkt und darf nun ihrerseits Fragen an Gruppe A stellen.

Stichwort: ERZÄHL' EINE GESCHICHTE

Ziel: Freies Reden; Zuhören; Weitererzählen einer vorgegebenen Geschichte; jeder kommt einmal dran.

Fächer: Fächerübergreifend

Klassenstufe: Ab 1

Voraussetzung: Keine

Sozialform: Gruppe

Zeit: Max. 15 Minuten

Material: Jeder Schüler bringt einen kleinen Gegenstand mit, den er den anderen Schülern nicht zeigt; Zettel.

Vorbereitung: Keine

Durchführung: Jeder Schüler schreibt sich die Namen aller Gruppenmitglieder auf seinen Zettel.
Ein Schüler beginnt, eine selbst erdachte Geschichte zu erzählen, in der sein Gegenstand vorkommt. Die anderen Schüler schreiben den Gegenstand, von dem sie meinen, daß er erwähnt wurde, hinter den Namen des Erzählenden. So erzählt nun jeder reihum die Geschichte weiter, wobei er seinen Gegenstand erwähnt. Aufzählungen sind beim Erzählen nicht erlaubt.
Zum Schluß haben alle Gruppenmitglieder hinter jedem Namen auf ihrem Zettel einen Gegenstand stehen. Jedes Gruppenmitglied sagt nun, welchen Gegenstand es welchem Namen (Schüler) zugeordnet hat.

Variation: Der Ablauf kann durch folgende Änderungen variiert werden:

1. Es wird eine bestimmte Geschichte vorgegeben.
2. Die Geschichte ist sinngemäß weiterzuführen.
3. Es werden nur Gegenstände zu einem bestimmten Thema mitgebracht.
4. Beim Weitererzählen müssen die Stichworte der anderen Schüler mit aufgegriffen werden.
5. Bei der Erzählung wird statt der Erwähnung des Gegenstandes ein Phantasiewort, z.B. "Knurzel", verwendet.
6. Statt der Erwähnung des Gegenstandes kann auch ein entsprechendes Geräusch gemacht werden.
7. An das Spiel kann eine Diskussion über die "richtigen" Gegenstände angeschlossen werden.

Stichwort: GEFÜLLTE KALBSBRUST

Ziel: Phantasie fördern

Fächer: Fächerübergreifend

Klassenstufe: Ab 3

Voraussetzung: Keine

Sozialform: Gruppen

Zeit: 5 - 15 Minuten

Material: Kein

Vorbereitung: Keine

Durchführung: Die Klasse wird in Gruppen mit je 4 - 6 Schülern aufgeteilt. Jede Gruppe muß aus ihren Reihen einen Schreiber bestimmen, der ein Stück Papier und einen Stift erhält. Der Lehrer nennt nun ein möglichst langes Wort (oder schreibt es an die Tafel), das jeder Schreiber auf seinem Papier zweimal zu notieren hat: am linken Papierrand einmal von oben nach unten und am rechten Rand einmal von unten nach oben, so daß der erste und der letzte Buchstabe der beiden Buchstabenketten in einiger Entfernung voneinander in einer Reihe stehen. Die Aufgabe der Gruppe besteht darin, den Zwischenraum zwischen den Buchstaben so auszufüllen, daß in jeder Zeile ein sinnvolles Wort entsteht. Der Schreiber hat nur zu schreiben, er darf nicht mitarbeiten. Die Gruppe, die zuerst fertig ist, erhält eine Belohnung.

Variation: Man kann für ältere Schüler ein Thema angeben, zu dem die entstehenden Wörter passen müssen.

Stichwort: Geo-Puzzle/Bio-Puzzle

Ziel: Form, Gestalt und wichtigste geographische Merkmale von Ländern und Kontinenten und ihre Beziehungen zueinander sollen erlernt oder wiederholt werden. Aufbau von Pflanzen, Tieren und Mensch soll erlernt oder wiederholt werden.

Fächer: Geographie und Biologie

Klassenstufe: Ab 2

Voraussetzung: Keine

Sozialform: Partnerarbeit

Zeit: 30 - 45 Minuten

Material: Vervielfältigte Karten von Ländern und Kontinenten; vervielfältigte Querschnittzeichnungen von Pflanzen, Tieren und Menschen; Scheren, Papier und Kleber.

Vorbereitung: Länder, Kontinente mit ihren typisch geographischen Merkmalen (Gebirge, Flüsse, Seen, Städte etc.) vervielfältigen.
Querschnitte von Pflanzen, Tieren und Menschen mit ihren typischen Merkmalen vervielfältigen.

Durchführung: Verdeckt oder nicht verdeckt Länder- bzw. Kontinentkarten verteilen. Die Partner stellen jeweils für den anderen mit der Schere ein Puzzle her. Nach 5-10 Minuten des Zerschneidens werden die Teile dem Partner übergeben, die dieser zusammensetzt und auf ein Papier klebt. Fertiggestellte Länder etc. können zu einem Größeren komponiert werden.

<u>Beispiel:</u> 6-10 Schüler bauen ihre Länder zu einer Europakarte zusammen.
Analoges läßt sich beim Bio-Puzzle durchführen.

Fächerübergreifend

Stichwort: SCHARFES AUGE

Ziel: Konzentrationstraining und Erlernen von systematischem Beobachten.

Fächer: Fächerübergreifend

Klassenstufe: Ab 1

Voraussetzung: Keine

Sozialform: Klassenverband

Zeit: ca. 10 Minuten

Material: Tafel und Kreide, Overhead-Projektor und Folie

Vorbereitung: Keine

Durchführung: Zeichnung erstellen. Alle Schüler müssen sie gut sehen können.

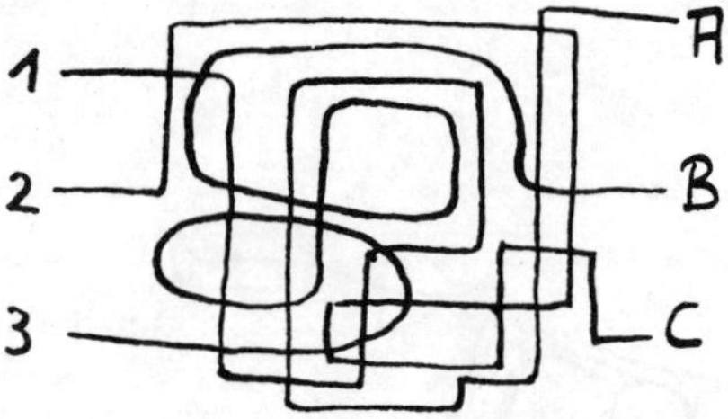

Die Schüler sollen die Linien mit den Augen von den Zahlen zu den Buchstaben verfolgen.
Bei der Zeichnung ist darauf zu achten, daß sich die Linien eindeutig kreuzen.

Lit.-Hinweis: Beyer (1977)

Stichwort: RECHENUHR

Ziel: Festigen und Vertiefen der Grundrechenarten.

Fächer: Mathematik

Klassenstufe: Ab 1

Voraussetzung: Keine

Sozialform: Gruppenarbeit

Zeit: Beliebig

Material: Je Gruppentisch eine Rechenuhr

Material je Uhr:

1 Brett ca. 40 x 40 cm aus Sperrholz, dicker Pappe o.ä.

1 Zeiger aus Holz oder fester Pappe

1 Schraube

2 Metallplättchen

Plakafarbe, Pinsel

36 Pappkärtchen je Rechenuhr (5 x 5 cm groß)

Vorbereitung: Die Uhr wird als Kreis mit Plakafarbe auf das Brett gemalt. Dabei muß der Abstand zwischen Kreis und Brett 5 cm betragen. Der Kreis wird in 12 Felder geteilt.

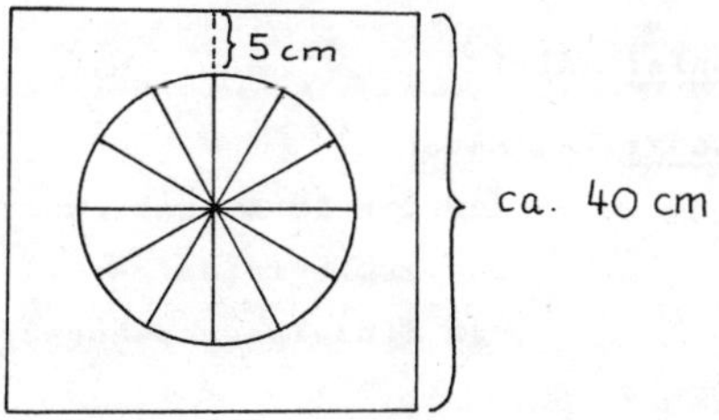

Der Zeiger wird auf die Schraube gezogen, diese im Kreismittelpunkt zwischen zwei Metallplättchen in das Holzbrett gedreht. Das Loch im Zeiger muß so groß sein, daß man ihn gut drehen kann.
Auf 12 Pappkärtchen schreibt man Aufgaben. Die Ergebniskärtchen zu den Aufgaben werden in dreifacher Ausfertigung geschrieben.

Durchführung: Jede Gruppe erhält eine Rechenuhr, 12 Aufgabenkarten und 24 Ergebniskarten. Die Aufgabenkarten werden auf das Brett vor die 12 Felder der Uhr gelegt. Die Ergebniskarten werden gut gemischt und unter die Schüler verteilt. Die Schüler drehen nun reihum an der Uhr. Der Zeiger bleibt auf einem Feld stehen und zeigt somit auf ein Aufgabenkärtchen (z.B. 3 x 4).
Schüler, die eine oder mehrere Kärtchen mit einer 12 in der Hand haben, legen diese ab. Sieger ist, wer zuerst alle Kärtchen abgelegt hat.

Variation:

1.

Ziel: Zuordnen von Wort und Bild

Fächer: Deutsch

Klassenstufe: Ab 1

Vorbereitung: a) Material
Auf die 12 Aufgabenkärtchen werden Bilder geklebt (dargestellt werden sollen nur Einzelgegenstände).

Die entsprechenden Bezeichnungen (Wörter) werden auf die 24 Ergebniskärtchen geschrieben.

Durchführung: Siehe oben

Die Schüler legen die Kärtchen ab, auf denen der entsprechende Begriff zu dem Bild steht.

2.

Ziel: Erkennen des Anfangsbuchstabens

Fächer: Deutsch

Klassenstufe: Ab 1

Vorbereitung: a) Material

12 Bildkärtchen

24 Buchstabenkärtchen

Durchführung: Siehe oben

Die Schüler, die den Anfangsbuchstaben des Begriffes haben, legen das entsprechende Kärtchen ab.

3.

Ziel: Zuordnen von Menge und Zahl

Fächer: Mathematik

Klassenstufe: Ab 1

Vorbereitung: a) Material

12 Kärtchen, auf denen Mengen abgebildet sind

...

...

...

24 Zahlenkarten

Durchführung: Siehe oben

Schüler, die z.B. eine 9 auf ihrem Kärtchen haben, legen diese ab, wenn der Zeiger auf die entsprechende Mengenkarte zeigt.

4.

Ziel: Erkennen gleicher Merkmale

Fächer: Mathematik

Klassenstufe: Ab 1

Vorbereitung: a) Material

Merkmalsplättchen in verschiedenen Farben, Formen und Größen.

Durchführung: Vor jedes der 12 Felder wird ein Plättchen gelegt. Die restlichen Plättchen werden gleichmäßig unter die Schüler verteilt. Abgelegt werden nur Plättchen, die in allen Merkmalen mit dem Plättchen auf der Uhr übereinstimmen, auf das der Zeiger jeweils zeigt.

Stichwort: SANDWICH-METHODE

Ziel: Anwendung und Vertiefung von geographischem Wissen.

Fächer: Geographie, Geschichte

Klassenstufe: Ab 2

Voraussetzung: Keine

Sozialform: Gruppenarbeit, Klassenverband

Zeit: 10-20 Minuten

Material: Alte Zeitungen, dickschreibender Filzstift.

Vorbereitung: Auf die Doppelseiten der alten "Zeitungen" werden Ländernamen geschrieben; auf die restlichen Zeitungen Städte, Flüsse und Gebirge, die sich in den Ländern befinden. In die Mitte jeder Zeitungsseite schneidet man ein Loch, damit der Kopf durchpaßt.

Durchführung: Jeder Schüler bekommt eine Zeitung umgehängt und bildet so ein "Sandwich".

Die Schüler müssen nun die Städte, Flüsse und Gebirge den richtigen Ländern zuordnen.

Variation: Für den Geschichtsunterricht lassen sich z.B. historische Ereignisse den Jahreszahlen zuordnen.

Fächerübergreifend

Stichwort: NAMEN AUF DEM RÜCKEN

Ziel: Personenbeschreibung

Fächer: Deutsch, Geschichte, Biologie, Erdkunde.

Klassenstufe: Ab 3

Voraussetzung: Keine

Sozialform: Gruppe von 6 - 8 Schülern

Zeit: Beliebig

Material: Zettel mit Namen

Vorbereitung: Der Lehrer muß Zettel mit Namen anfertigen; die Namen müssen den Schülern bekannt sein (evtl. Klassenmitglieder).

Durchführung: Jedes Gruppenmitglied hat einen Zettel mit einem Namen auf seinem Rücken kleben. Er selber kennt den Namen auf seinem Zettel nicht, aber die anderen. Durch gezielte Fragen an die Gruppenmitglieder soll der 'aufgeklebte' Name erraten werden. Die Gruppenmitglieder dürfen nur mit ja oder nein antworten. Man darf so lange weiterfragen wie mit ja geantwortet wird, wenn ein nein erfolgt, darf ein anderes Gruppenmitglied seinen Namen erfragen.

Variation: Es können ebenso <u>Begriffe</u> aus verschiedenen Fächern erfragt werden.

Stichwort: BEGRIFFE KOMBINIEREN

Ziel: Phantasieanregung und Ausdrucksübung

Fächer: Deutsch, Geschichte, Geographie, Biologie.

Klassenstufe: Ab 3

Voraussetzung: Die Schüler müssen schon vorher Aufsätze zu leichteren Themen, die nicht so eng gebunden sind, geschrieben haben.

Sozialform: Einzelarbeit

Zeit: 1 Stunde

Material: Tafel, Papier, Schreibzeug

Vorbereitung: Verschiedene Begriffe (Gegenstände, Tiere, Menschen) bereit legen.

Beispiel:

Katze, Spiegel, Lastwagen, Pfote, Freund.

Durchführung: Der Lehrer schreibt die Begriffe an die Tafel, und die Schüler sollen nun eine Erzählung schreiben, in der jeder dieser Begriffe mindestens einmal vorkommt.

Variation: Die Begriffe können beliebig ausgetauscht werden. Die Anzahl der Begriffe kann verschieden sein, und sie können so gewählt sein, daß sie nur aus einem Themenbereich stammen.

<u>Stichwort:</u> MEMORY

<u>Ziel:</u> Gewinnen von Sicherheit in den Grundrechenarten; Konzentrationsübung.

<u>Fächer:</u> Mathematik, Deutsch, Englisch

<u>Klassenstufe:</u> Ab 1

<u>Voraussetzung:</u> Keine

<u>Sozialform:</u> Gruppenarbeit

<u>Zeit:</u> Beliebig, je nach Menge der Karten 10 - 20 Minuten.

<u>Material:</u> Pro Gruppentisch etwa 30 Karten (mit einer Seitenlänge von 5 x 5 cm).
Die Karten müssen alle aus dem selben Material sein, die Rückseiten gleich.
Gut eignen sich auch Reklamekartenspiele, die entsprechend beklebt werden.

<u>Vorbereitung:</u> Man teilt die Anzahl der Karten und schreibt auf die eine Hälfte Aufgaben, auf die anderen Karten die entsprechenden Ergebnisse.

Beispiel:
$7 + 6 = 13$
$4 \times 7 = 28$
$35 - 16 = 19$

Das Herstellen der Karten erfordert einen relativ hohen Zeitaufwand. Je nach Anzahl der Karten 2-4 Stunden. Dieser Arbeitsaufwand ist aber lohnend, da diese Karten auch bei anderen Methoden vielseitige Verwendung finden.

<u>Durchführung:</u> Die Karten werden verdeckt in sechs Reihen mit je 5 Karten auf den Tisch gelegt. Die Schüler nehmen nacheinander jeweils 2 Kar-

ten auf, zeigen sie auch den Mitspielern und legen sie wieder an ihren Platz zurück. Nun nimmt der nächste Schüler 2 Karten auf usw. Dabei müssen sich die Schüler merken, wo welche Karten liegen. Es gehören immer eine Aufgabenkarte (7 + 6) und eine Ergebniskarte (13) zusammen; sie bilden ein Paar. Schüler, die ein Paar aufdecken, dürfen die Karten vor sich hinlegen, sie kommen nicht mehr ins Spiel zurück. Wer am Schluß die meisten Karten hat, ist Sieger.

Variation:

1. Variation

Ziel: Zuordnen von Druck- und Schreibbuchstaben

Fächer: Deutsch

Klassenstufe: Ab 1

Vorbereitung: Jeder Gruppentisch erhält dasselbe Kartenmaterial. Ein Paar besteht aus zwei gleichen Buchstaben, wobei ein Buchstabe in Schreibschrift und einer in Druckschrift abgebildet ist. (Oder: ein kleiner und ein großer Buchstabe)

Durchführung: S. Memory

2. Variation

Ziel: Einüben von Vokabeln

Fächer: Englisch, Französisch

Klassenstufe: Ab 5

Vorbereitung: Die Karten werden mit einem deutschen Wort und einer entsprechenden englischen oder französischen Vokabel beschriftet.

Durchführung: S. Memory

3. Variation:

Ziel: Zuordnen von Wort und Bild

Fächer: Deutsch

Klassenstufe: Ab 1

Vorbereitung: Man stellt Paare her, die aus einem Bild, das man aus einem Katalog ausschneidet und auf die Karte klebt, und der entsprechenden Wortkarte bestehen.

Durchführung: S. Memory

Stichwort: FIGURENSTELLEN

Ziel: Wahrnehmen des Mitschülers;
Auflockerung der Stunde;
Kennenlernen von Körpersprache.

Fächer: Fächerübergreifend

Klassenstufe: Ab 3

Voraussetzung: Keine

Sozialform: Beliebig

Zeit: Beliebig

Material: Kein

Vorbereitung: Keine

Durchführung: Eine Gruppe von 8-12 Schülern geht vor die Tür. Der erste Schüler kommt herein und wird von einem anderen Schüler in einer bestimmten Form "hingestellt". Der zweite kommt herein, sieht sich die "Figur" 10 sec. lang an (Schüler stoppt die Zeit) und versucht nun sich in der gleichen Art und Weise hinzustellen. So wird das nun bis zum letzten Schüler fortgesetzt. Zum Schluß stellt sich der erste Schüler neben den letzten, um die Ausgangsfigur zu kontrollieren.

Variation:

1. Tiere nachstellen
2. Berufstypische Haltungen
3. Aggressive Haltung
4. Mit Hilfsmitteln
   (Stuhl, Tisch, Stock ...)

Stichwort: SORTIEREN

Ziel: Schüler sollen alle miteinander kommunizieren; Abstraktionsvermögen soll geschult werden.

Fächer: Fächerübergreifend

Klassenstufe: Ab 1

Voraussetzung: Keine

Sozialform: Gruppenarbeit

Zeit: 5 - 10 Minuten

Material: Handliche Gegenstände

Vorbereitung: Lehrer sammelt Gegenstände in jeweils mehrfacher Ausführung.

Durchführung: Jede Gruppe bekommt das gleiche Material und sortiert es nach vorher festgelegten Kriterien (z.B. nach Farbe, Form, Beschaffenheit etc.).

Variation: Es können auch Bilder, auf denen bestimmte Gegenstände (oder auch Lebewesen z.B. für den Biologieunterricht) abgebildet sind, sortiert werden. Ältere Schüler können dann auch bestimmte Begriffe zu Kategorien zusammenfassen.

Stichwort: RALLYE

Ziel: Spielerisch Wissen wiederholen

Fächer: Geographie, Biologie, Physik

Klassenstufe: Ab 4

Voraussetzung: Keine

Sozialform: Gruppenarbeit

Zeit: 30 - 45 Minuten

Material: 5 Stühle, 5 Fragebogenarten

Vorbereitung: Fragebögen ausarbeiten, vervielfältigen, auf 5 Posten verteilen; aus Schülern Teams bilden.

Durchführung: Jeweils 4 Teams werden zur gleichen Zeit gestartet (holen sich den Fragebogen von dem ersten Posten); eine Minute später die nächsten vier usw. Pro Fragebogen sind zwei oder mehrere Fragen schriftlich zu beantworten. Ein Mitglied des Teams geht dann zum Lehrer (Streckenposten), um die gemeinsam erarbeitete Antwort kontrollieren zu lassen. Befinden sich mehrere Teamvertreter zur Kontrolle am Lehrerpult, so wird zuerst derjenige abgefertigt, der als erster dort erschienen ist. Streitfälle regelt der Lehrer.
Ist die Antwort richtig, darf der Schüler bei dem nächsten Posten einen neuen Fragebogen holen. Ist die Antwort falsch, so muß der Schüler zu seinem Team zurückgehen und eine neue Antwort erarbeiten. Das Team kann aber auch, um auf der "Rennstrecke" weiterzukommen, sich für eine falsche Antwort einen Minuspunkt anrechnen lassen (Strafzeit) und zu dem nächsten Posten und dessen Fragebogen übergehen.

Stichwort: WORTFELD

Ziel: Zu bestimmten Oberbegriffen möglichst viele Unterbegriffe nennen können; Gelerntes festigen.

Fächer: Deutsch, Fremdsprachen, Geschichte, Erdkunde.

Klassenstufe: Ab 4

Voraussetzung: Keine

Sozialform: Aufteilung der Klasse in zwei Parteien

Zeit: Beliebig

Material: Ball, Stoppuhr

Vorbereitung: Keine

Durchführung: Ein Schüler wirft den Ball einem Schüler aus der Gegnerpartei zu und nennt dabei einen Oberbegriff (z.B. Gebäude). Der angespielte Schüler muß den Ball fangen und in einer vorher festgesetzten Zeit (ca. 30 sec.) möglichst viele Unterbegriffe nennen (Hochhaus, Krankenhaus, Geschäftshaus, Turnhalle usw.). Ist die Zeit abgelaufen und die Aufgabe ausgeführt, ist der vorher angespielte Schüler Werfer. Er wirft den Ball einem seiner Gegner zu und nennt dabei einen neuen Oberbegriff. Fallen einem Schüler keine Unterbegriffe ein, muß er den Ball möglichst schnell an einen Schüler seiner Partei weitergeben. Jeder Schüler darf bei diesem Spiel nur einmal Unterbegriffe nennen. Gewonnen hat die Partei, die insgesamt die meisten Unterbegriffe gefunden hat.

<u>Variation:</u> Fallen einem Schüler keine Unterbegriffe ein, so muß er den Ball an den Werfer zurückwerfen und dieser darf nun Unterbegriffe zu seinem Oberbegriff nennen. Auf diese Weise kann er seiner Gruppe zusätzliche Punkte einbringen.

Fächerübergreifend

Stichwort: QUIZ

Ziel: Wiederholung eines Themenkomplexes; Festigung des Wissens.

Fächer: Naturwissenschaften

Klassenstufe: Ab 5

Voraussetzung: Keine

Sozialform: Beliebig

Zeit: ca. 20 Minuten

Material: Kein

Vorbereitung: Die Klasse wird in zwei Gruppen eingeteilt.

Durchführung: Es treten immer zwei Schüler, aus jeder Gruppe einer, gegeneinander an. Der Quizmaster stellt ihnen eine Frage. Wer sie am schnellsten und richtig beantworten kann, bekommt für seine Gruppe einen Punkt. Kann eine Frage von beiden nicht beantwortet werden, so erhalten sie eine neue Frage.

Variation: Als Quizmaster sollte nicht nur der Lehrer fungieren, sondern auch ein Schüler bzw. ein Schülerteam (2-3 Schüler). Ebenfalls könnte man die Regel, daß jeweils nur das im Wettstreit stehende Paar antworten darf, verändern.

Beispiel: So kann der Schüler die Frage an ein Mitglied seiner Gruppe weitergeben, um doch noch zu einem Punktgewinn zu kommen.

Stichwort: PRAKTISCHE AUSFÜHRUNG EINES VORHER EINGEFÜHRTEN THEMAS/AM BEISPIEL: WAHL

Ziel: Wahlmechanismus erkennen, Bedürfnisse formulieren.

Fächer: Deutsch/Sachkunde

Klassenstufe: Ab 3

Voraussetzung: Verschiedene Wahlarten kennen

Sozialform: Kleingruppen (Parteien)

Zeit: Beliebig

Material: "Wahlkärtchen"/"Wahlurne" (Karteikarten/Schuhkarton)

Vorbereitung: Wahlkärtchen schneiden und beschriften, Wahlurne basteln

Durchführung: In der Klasse 3a z.B. werden Parteien gegründet, die die Namen der bei uns bekannten Parteien tragen können, aber auch eigene, von den Kindern erfundene. Jede Partei stellt ein Programm auf, das unter dem Thema "Veränderungen an unserer Schule" steht und wählt eventuell auch einen Parteisprecher. Mit den verschiedenen Parteiprogrammen gehen alle Parteivertreter oder nur die gewählten Sprecher der einzelnen Parteien (je nach der Entscheidung innerhalb der einzelnen Parteien) in die Parallel - oder in eine andere Klasse, stellen ihre Programme vor und lassen sich wählen. Anschliepend findet mit beiden Klassen eine Analyse statt: warum hat ausgerechnet diese Partei gewonnen? Wie werden Wähler geworben? usw.

Variation: Thema: Was möchte ich in unserem Staat beibehalten oder verändern?

Stichwort: BANDWURM - WIEDERHOLUNG

Ziel: Wiederholung von Unterrichtsstoffen

Fächer: Fächerübergreifend

Klassenstufe: Ab 3

Voraussetzung: Keine

Sozialform: Kreis

Zeit: Beliebig

Material: Papier und Bleistift

Vorbereitung: Gruppenbildung

Durchführung:

a) Der erste Schüler einer Gruppe sagt einen Satz zu dem Thema, das wiederholt werden soll.

b) Er beginnt einen zweiten Satz.

c) Der zweite Schüler beendet den zweiten Satz und beginnt einen dritten.

d) Der dritte Satz wird vom nächsten Schüler fortgesetzt usw.

e) Wenn ein Schüler den angefangenen Satz nicht beenden kann, schreibt er den Satzanfang auf einen Zettel und beginnt einen anderen, neuen Satz, der wiederum vom nächsten Schüler beendet werden muß.

f) Wenn alle Schüler an der Reihe gewesen sind, werden die Satzanfänge, die während des Spiels nicht vollendet werden konnten, von der gesamten Gruppe anhand von Büchern vervollständigt.

Variation: Die Gruppe erhält ein Wollknäuel, das aus unterschiedlich langen Einzelfäden besteht.
Jeder Schüler wickelt einen Faden ab und erzählt dabei etwas über das Thema, das wiederholt werden soll.

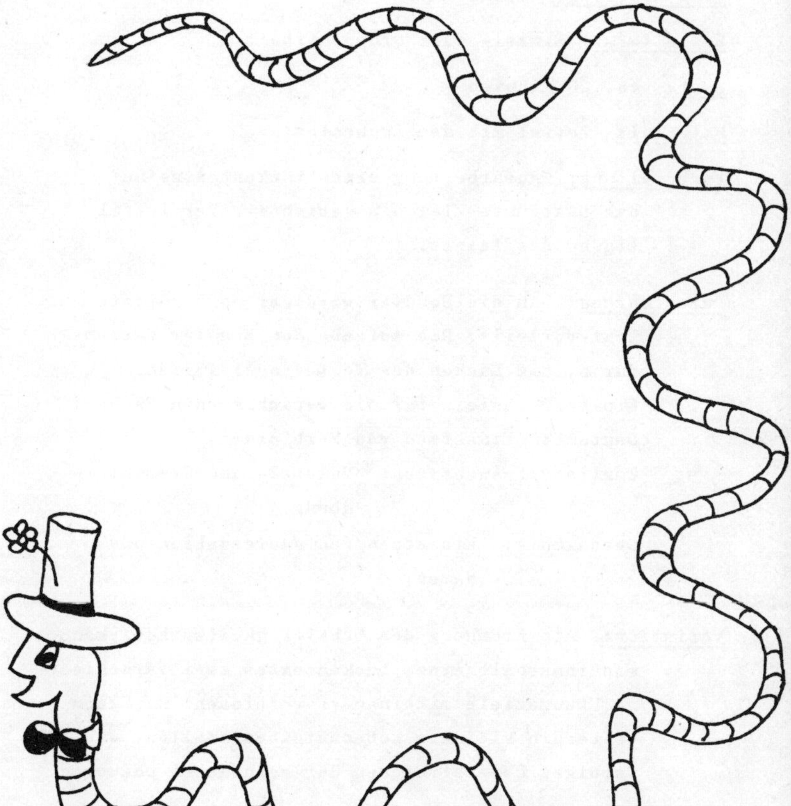

Stichwort: LÜCKENTEXT

Ziel: Übung zur Groß- und Kleinschreibung, zum richtigen Gebrauch der Zeiten, Fallsetzung, der richtigen Singular- und Pluralendungen; Wiederholungsübung

Fächer: Deutsch, sprachliche Fächer, Geschichte, Chemie.

Klassenstufe: Ab 3

Voraussetzung: Keine

Sozialform: Einzel- oder Gruppenarbeit

Zeit: ca. 20 Minuten

Material: Zettel mit dem Lückentext

Vorbereitung: Ausarbeitung eines Lückentextes auf das bestimmte Ziel hin gerichtet, Vervielfältigung des Textes.

Durchführung: An die Schüler wird der vorbereitete Text verteilt. Die Aufgabe der Schüler besteht darin, die Lücken des Textes auszufüllen.
Einige Beispiele für die verschiedenen Fächer:
Deutsch: Einsetzen von Verbformen,
Englisch/Französisch: Vokabel- und Grammatikübung,
Geschichte: Einsetzen von Jahreszahlen und Namen.

Variation: Als Erhöhung des Schwierigkeitsgrades kann man innerhalb eines Lückentextes zwei verschiedene Übungsziele miteinander verbinden. Man kann weiterhin kleinere Nebenaufgaben stellen, wie z.B. farbiges Unterstreichen der gefundenen Lösungen.

Stichwort: KOFFERPACKEN

Ziel: Gedächtnis- und Alphabetübung

Fächer: Deutsch, Erdkunde

Klassenstufe: Ab 1

Voraussetzung: Kennen des Alphabets

Sozialform: Beliebig

Zeit: 15 - 20 Minuten

Material: Kein

Vorbereitung: Keine

Durchführung: Eine Gruppe von 6-8 Schülern stellt sich für alle gut sichtbar auf. Ein Schüler beginnt mit dem Spiel, indem er einen Namen mit A nennt. Der nächste muß nun den erstgenannten Namen wiederholen und darf dann einen Namen mit dem Anfangsbuchstaben B hinzufügen usw. Wer die richtige Reihenfolge nicht einhalten kann, scheidet aus. Damit diese Übung für die anderen nicht langweilig wird, sollte einer Gruppe jeweils nur eine bestimmte Zeit zur Verfügung stehen. Dann wird eine neue Gruppe gebildet und die Übung fängt beim letzten Buchstaben des Alphabets an.

Variation: Diese Übung könnte man ebenfalls auf andere Fächer übertragen, z.B. Erdkunde. Hier sollten dann Flüsse, Seen, Länder usw. alphabetisch aufgezählt werden.

Stichwort: INKOGNITO

Ziel: Die Schüler sollen sich gegenseitig (besser) kennenlernen; Verfestigung der Rechtschreibung; Mut zur Selbstdarstellung.

Fächer: Fächerübergreifend

Klassenstufe: Ab 4

Voraussetzung: Die Schüler müssen schreiben und lesen können.

Sozialform: Keine

Zeit: "2-3 Tage"; 15 Minuten (eigentliches Spiel)

Material: Briefpapier, Umschlag, Briefmarke, 2 Zettel, Schreibzeug.

Vorbereitung: Keine

Durchführung: Es werden von jedem Schüler 2 Zettel mit seiner Adresse beschrieben. Der eine Zettel wird zusätzlich von jedem Schüler mit einem geheimgehaltenen, persönlich ausgewählten Codewort oder Zeichen versehen.

Die Zettel mit dem Codewort werden von dem Lehrer eingesammelt. Die anderen Zettel werden verdeckt auf einen Haufen in die Mitte des Klassenraumes gelegt. Jeder Schüler darf sich nun einen Zettel nehmen, wobei er nicht seine eigene, sondern die Adresse eines Mitschülers haben sollte, die er für sich behält. Aufgabe eines jeden Schülers ist es nun, an diese Adresse einen Brief zu schreiben, in dem er sich selbst vorstellt (Beschreibung der Person, Charaktereigenschaften, Hobbies etc.). Der Brief darf nur mit dem Codewort bzw. Zeichen versehen sein, und auch der Absender darf auf dem Umschlag nicht erwähnt werden. Die Aufgabe des Empfängers ist dann, anhand des erhaltenen Briefes den Adressaten zu finden.

Stichwort: BLINDES FINDEN

Ziel: Beschreibung charakteristischer Merkmale. Zuhören. Mit Hilfe des Tastsinns einen Gegenstand erraten.

Fächer: Fächerübergreifend

Klassenstufe: Ab 1

Voraussetzung: Keine

Sozialform: Beliebig

Zeit: 10 Minuten

Material: Anonymer Gegenstand

Vorbereitung: Keine

Durchführung: Ein unbekannter Gegenstand wandert unter dem Tisch von einem Schüler zum anderen. Nach kurzem Betasten des Gegenstandes schreibt sich jeder Schüler besondere Merkmale auf einen Zettel. Alle Auffälligkeiten werden der Reihe nach vorgelesen,und gemeinsam wird der unbekannte Gegenstand erraten.

Stichwort: WAS ICH SCHON WEISS

Ziel: Die Schüler sollen durch Berücksichtigung ihrer eigenen Erfahrung und ihres eigenen Wissens für einen neuen Unterrichtsstoff motiviert werden.

Fächer: Sachunterricht, Biologie, Physik, Kunst, Geographie.

Klassenstufe: Ab 2

Voraussetzung: Keine

Sozialform: Einzelarbeit, Partnerarbeit oder Gruppenarbeit.

Zeit: ca. 30 Minuten

Material: Papier und Schreiber

Vorbereitung: Bekanntgabe eines neuen Themas.

Durchführung: Die Schüler sollen innerhalb von 5-10 Minuten alles aufschreiben, was ihnen zu dem neuen Thema einfällt: Was sie schon wissen, eigene Erfahrungen, Erlebnisse, etc. Im gemeinsamen Gespräch wird das Aufgeschriebene zusammengetragen und aufgearbeitet.

Variation: Die Schüler sollen Fragen und Wünsche zu einem neuen Thema aufschreiben.

Stichwort: OBERBEGRIFFE

Ziel: Den Kindern soll bewußt gemacht werden, daß manche Dinge Gemeinsamkeiten haben, zusammengehören und deshalb einen Sammelnamen haben.

Weitere Ziele:
Entwicklung der Abstraktionsfähigkeit und Wortschatzerweiterung.

Fächer: Deutsch, Biologie, Geographie

Klassenstufe: Ab 1

Voraussetzung: Keine

Sozialform: Keine

Zeit: ca. 5 Minuten

Material: Verschiedene Kärtchen mit Bezeichnungen von Gegenständen, von denen jeweils vier unter einen Oberbegriff fallen.

Beispiele:
Messer, Gabel, Suppenlöffel, Teelöffel = Besteck;
Stuhl, Tisch, Schrank, Bett = Möbel;
Apfel, Birne, Pflaume, Kirsche = Obst.

Vorbereitung: Kärtchen vorbereiten

Durchführung: Jedes Kind zieht eine Karte. Die vier Kinder mit den Kärtchen, die zu einem Oberbegriff gehören, müssen sich nun selbständig finden. Die so entstandenen Gruppen werden anschließend nach ihrem Oberbegriff befragt.

<u>Variation:</u> Für das 1. Schuljahr können die Gegenstände aufgemalt werden. In dem Fach Biologie können z.B. vier Eigenschaften von einer Pflanze genannt werden.

Fächerübergreifend

Stichwort: MONTAGS-MALER

Ziel: Phantasie und Darstellungsvermögen sollen gefördert werden. Der Schüler soll lernen, Begriffe bzw. Gegenstände auf die charakteristischen Merkmale zu reduzieren bzw. sie an ihren spezifischen Merkmalen zu erkennen.

Fächer: Kunst, Deutsch

Klassenstufe: Ab 1

Voraussetzung: Keine

Sozialform: Gruppenarbeit

Zeit: 10 - 15 Minuten

Material: Tafel, Kreide

Vorbereitung: Der Lehrer muß Kärtchen mit den im Bild darzustellenden Wörtern anfertigen. Die Auswahl und Schwierigkeit der Worte sollte sich an dem jeweiligen Unterrichtsthema und dem Stand der Schüler orientieren.

Durchführung: Die Klasse (z.B. 24 Schüler) wird in zwei Gruppen unterteilt. Eine Gruppe erhält eine Wortkarte. Das Wort soll nun zeichnerisch dargestellt werden, wobei jeder Schüler nur einen Strich machen darf. Die andere Gruppe soll den Begriff anhand der Zeichnung erraten. Die Gruppen wechseln sich beim Zeichnen und Raten der Begriffe ab.

Stichwort: BALLWERFEN

Ziel: Wiederholung eines bekannten Sachgebietes.

Fächer: Deutsch, Geschichte, Erdkunde und Biologie.

Klassenstufe: Ab 3

Voraussetzung: Bekanntes Sachgebiet

Sozialform: Gruppenarbeit

Zeit: 15 Minuten

Material: Ein Tennisball und Stühle.

Vorbereitung: Keine

Durchführung: Die Schüler bilden in kleinen Gruppen Stuhlkreise. Ein Schüler hockt sich in die Mitte und stellt eine Aufgabe aus dem bekannten Sachgebiet. Er wirft dann einem Schüler aus dem Stuhlkreis den Tennisball zu. Löst dieser Schüler die Aufgabe, so muß der Schüler in der Mitte nochmals eine andere Aufgabe stellen. Kann der Schüler aus dem Stuhlkreis die Aufgabe nicht lösen, so muß er sich in die Mitte hocken.

Stichwort: STUHLSCHIEBEN

Ziel: Festigung der Kenntnisse,
Übung zur Partnerarbeit

Fächer: Fächerübergreifend

Klassenstufe: Ab 1

Voraussetzung: Keine

Sozialform: Gruppen zu je 2 Schülern

Zeit: ca. 15 Minuten

Material: Kein

Vorbereitung: Keine

Durchführung: Die Schüler suchen sich selber einen Partner und entscheiden auch, wer von beiden der Sprecher ist. Der Sprecher setzt sich auf einen Stuhl, sein Mitspieler stellt sich dahinter.
Die Stühle werden nebeneinander auf einer "Startlinie" aufgestellt.
Der Lehrer stellt eine Aufgabe und bei richtiger Beantwortung dürfen die Partner ca. einen Meter vorrücken. Das Spiel ist bei Erreichen der Ziellinie beendet.

<u>Stichwort:</u> PERSÖNLICHKEITENRATEN

<u>Ziel:</u> Erkennen und Kennenlernen bekannter Persönlichkeiten.

<u>Fächer:</u> Deutsch, Geschichte, Naturwissenschaften.

<u>Klassenstufe:</u> Ab 6

<u>Voraussetzung:</u> Keine

<u>Sozialform:</u> Einzelarbeit

<u>Zeit:</u> Beliebig

<u>Material:</u> Pinwand oder Din-A-4 Wellpappe, Stecknadeln, Bilder bekannter Persönlichkeiten (z.B. Zeitungsausschnitte).

<u>Vorbereitung:</u> Die einzelnen Bilder werden ihrer Größe entsprechend in Teile zerschnitten.

<u>Durchführung:</u> Die Pinwand wird für jeden Schüler sichtbar aufgestellt. Der Lehrer heftet ein Bildfragment an die Pinwand, wobei die Schüler versuchen, die Persönlichkeit zu erkennen. Gelingt dieses nicht, werden nacheinander einzelne Ausschnitte hinzugefügt bis die Person bestimmt ist.

<u>Variation:</u> Der Lehrer gibt zusätzliche Informationen zur dargestellten Person (Lebenswerk etc.).

Stichwort: BEGRIFFE MALEN

Ziel: Üben der Fähigkeit, Begriffe zeichnerisch darzustellen.

Fächer: Fächerübergreifend

Klassenstufe: Ab 1

Voraussetzung: Keine

Sozialform: Kleingruppe

Zeit: 10 - 15 Minuten

Material: Mehrere Blätter Papier und einen Stift je Gruppe.

Vorbereitung: Der Lehrer erstellt eine Liste von Begriffen.

Durchführung: Der Lehrer teilt die Klasse in Gruppen von ca. 5 Schülern ein. Jede Gruppe steht um einen Tisch herum, auf dem Blätter und ein Stift liegen. Gleichzeitig erfährt je ein Abgesandter aus jeder Gruppe vom Lehrer den gleichen Begriff. Diese laufen dann zu ihren Gruppen und versuchen nun, den Begriff zeichnerisch darzustellen, ohne dabei ein Wort zu sagen. Derjenige aus jeder Gruppe, der den Begriff errät, läuft zum Lehrer und holt sich den nächsten Begriff, bis alle Begriffe erraten sind. Die Gruppe, die als erste fertig ist, hat gewonnen.

Variation:

1. Die "Maler" brauchen nicht stumm zu sein, sondern dürfen Fragen mit "Ja" oder "Nein" beantworten.
2. Statt der Zeichnung kann eine pantomimische Darstellung erfolgen.

Stichwort: MENSCH ÄRGERE DICH NICHT

Ziel: Wiederholen und Festigen des gelernten Stoffes.

Fächer: Fächerübergreifend

Klassenstufe: Ab 2

Voraussetzung: Keine

Sozialform: Gruppenarbeit

Zeit: ca. 45 Minuten

Material: Je Gruppe 1 Spielbrett aus Zeichenkarton (35 x 35 cm), Tusche, 2 Setzsteine pro Spieler, 1 Würfel je Gruppe, 1 Frageliste je Gruppe.

Vorbereitung: Spielbretter herstellen; Frageliste herstellen

Die Frageliste enthält in diesem Fall 19 Fragen. Die richtigen Antworten werden unter die Fragen geschrieben, und zwar auf den Kopf.

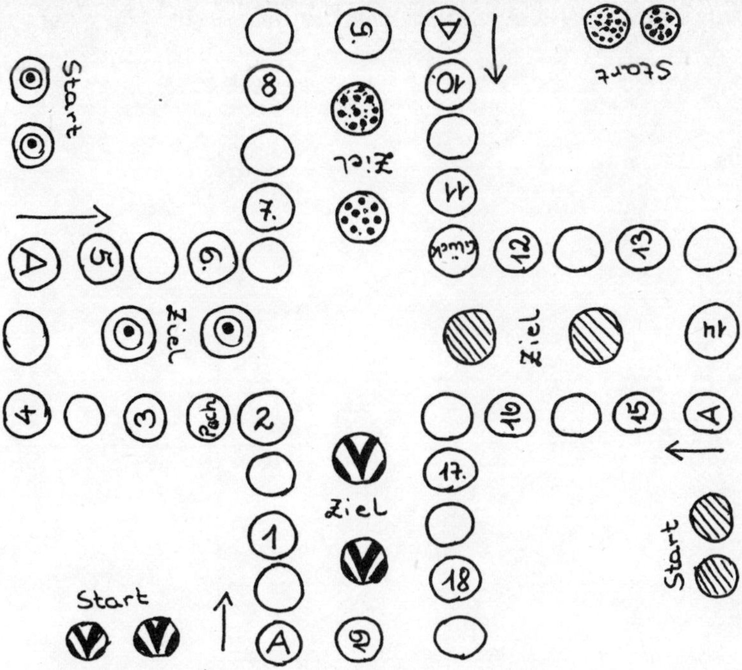

<u>Durchführung:</u> Frageliste verdeckt auf die Tische legen. Jeder Spieler muß nun versuchen, seine zwei Steine über die Fragehürden bis an das Ziel zu führen. Fragehürde ist ein Feld mit einer Zahl. Kommt ein Spieler auf ein Fragefeld, so liest sein rechter Nachbar die Frage vor und kontrolliert die Antwort. Ist die Antwort richtig, so darf der Betreffende seinen Stein zwei Felder vorrücken. Ist die Antwort falsch, muß der Stein zwei Felder zurückgesetzt werden (Streitfälle entscheidet der Lehrer). Kommen die Schüler wiederholt auf das gleiche Fragefeld, so schadet dies nicht, da eine wiederholte Antwort das bereits Gehörte verfestigt und besser einprägt.

GRUPPENBILDUNGEN

Stichwort: PERSONENBESCHREIBUNG

Ziel: Gruppenbildung; die Schüler sollen lernen, sich zu artikulieren.

Fächer: Deutsch

Klassenstufe: Ab 1

Voraussetzung: Keine

Sozialform: Beliebig

Zeit: Mindestens 10 Minuten

Material: Kein

Vorbereitung: Keine

Durchführung: 4-6 Schüler plazieren sich gut sichtbar in der Mitte des Klassenraumes. Die übrigen Schüler sollen nacheinander einen aus der Gruppe nach äußerlichen Merkmalen beschreiben. Gefällt dem beschriebenen Schüler diese Beschreibung, zeigt er dies durch Kopfnicken (ja) und nimmt den beschreibenden Schüler in seiner Gruppe auf; ein Kopfschütteln bedeutet ein Nein. Der abgelehnte Schüler muß die Runde wiederholen bzw. einen anderen aus der Gruppe wählen und ihn beschreiben. Das Spiel ist beendet, wenn alle Schüler eine Gruppe gefunden haben.

Variation: Die 4-6 Schüler der Gruppe halten die Augen geschlossen und hören sich die Eigenbeschreibungen der übrigen Schüler an. Nach der Beschreibung wird wieder mit Kopfnicken bzw. Kopfschütteln geantwortet und so Gruppen gebildet.

Stichwort: GRUPPENAUFTEILUNG

Ziel: Gruppenaufteilung einer Klasse

Fächer: Fächerübergreifend

Klassenstufe: Ab 1

Voraussetzung: Keine

Sozialform: Klassenverband

Zeit: ca. 15 Minuten

Material: Kleine Papierkärtchen

Vorbereitung: Kärtchen beschriften

Durchführung: Es sollen sich z.B. 20 Schüler in 5 Gruppen a 4 Schüler aufteilen. Es werden nun Kärtchen beschriftet, auf denen 5 verschiedene Oberbegriffe erkennbar sind. Als ein Oberbegriff z.B. OBST!
So werden auf 4 Kärtchen z.B.
Pflaume, Apfelsine, Apfel, Kirsche geschrieben. Ebenso für die restlichen 4 Oberbegriffe. Es stellen also jeweils 4 Kärtchen einen bestimmten Oberbegriff dar. Diese Karten werden nun gemischt und in der Gruppe ausgeteilt. Die Schüler müssen (dürfen) sich durch Erkennen der verschiedenen Oberbegriffe ihre entsprechenden Gruppenpartner suchen.

Variation: Die Karten können durch verschiedene farbige Plättchen oder die Oberbegriffe durch Zahlen ersetzt werden.

Stichwort: GRUPPENPUZZLE

Ziel: Gruppenbildung

Fächer: Fächerübergreifend

Klassenstufe: Ab 1

Voraussetzung: Keine

Sozialform: Klassenverband

Zeit: Beliebig

Material: Zeichenkarton oder Schreibpapier (Tusche)

Vorbereitung: Kärtchen herstellen durch die Schüler wie folgt:

1.	Ich	gehe	in	den	Wald

oder

2.	wir fahren	mit der Bahn	in die Alpen	um dort	zu wandern

oder

3.

<u>Durchführung:</u> Es sind drei Möglichkeiten der Kartenherstellung aufgeführt, die unterschiedlichen Schwierigkeitsgrad beinhalten. Sind zwanzig Schüler in der Klasse, werden z.B. vier verschiedene Sätze gebildet zu je fünf Worten wie unter 1.
Die Karten werden gemischt und umgedreht auf den Tisch gelegt. Jeder Schüler nimmt eine Karte.
Es müssen sich jetzt die Schüler zu einer Gruppe zusammenfinden, deren Kärtchen einen Satz ergeben.
Wählt man Sätze, in denen die Wörter ich, in, den usw. häufig vorkommen, lassen sich Rückschlüsse auf die soziale Struktur der Klasse schließen.

Stichwort: CHARAKTEREIGENSCHAFTEN NENNEN

Ziel: Gruppenbildung

Fächer: Fächerübergreifend

Klassenstufe: Ab 4

Voraussetzung: Keine

Sozialform: Beliebig

Zeit: Mindestens 10 Minuten

Material: Kein

Vorbereitung: Keine

Durchführung: 4-6 Schüler plazieren sich gut sichtbar in der Mitte des Klassenraumes und halten die Augen geschlossen. Die anderen Schüler versuchen nacheinander, eine Charaktereigenschaft (entweder positiv oder negativ) eines Schülers aus der Gruppe zu nennen. Je nachdem, ob diese Eigenschaft zutrifft, wird der Schüler in der Gruppe des Kreisspielers aufgenommen (durch Kopfnicken) oder abgelehnt (durch Kopfschütteln). Im Falle einer Nein-Antwort, muß der Schüler die Runde wiederholen. Das Spiel ist beendet, wenn alle Schüler in einer Gruppe untergekommen sind.

Variation:

1. Es werden nur positive Eigenschaften genannt
2. Es werden nur negative Eigenschaften genannt
3. Die übrigen Schüler nennen ihre eigenen Charaktereigenschaften, und die 5-6 Schüler aus der Gruppe haben zu entscheiden, ob sie diesen Eigenschaften zustimmen oder nicht.

Stichwort: STUMMES SOZIOGRAMM

Ziel: Gruppenbildung

Fächer: Fächerübergreifend

Klassenstufe: Ab 2

Voraussetzung: Die Schüler sollen ihren Namen schreiben und lesen können.

Sozialform: Beliebig

Zeit: Mindestens 10 Minuten

Material: Papier oder Kärtchen und Filzstifte

Vorbereitung: Keine

Durchführung: Alle Schüler schreiben ihren Namen auf ein Kärtchen. Diese werden umgedreht auf einen Tisch gelegt und gemischt. 3 Kärtchen werden aufgedeckt. Die entsprechenden Schüler dürfen die Kärtchen in drei Gruppen aufteilen. Anschließend werden diese aufgedeckt. Nun besteht die Möglichkeit, daß jeder Schüler sein Namenskärtchen einer (ihm lieberen) anderen Gruppe zuordnet. Es darf dabei aber nicht geredet werden.
Die Übung ist beendet, wenn alle mit der Gruppeneinteilung zufrieden sind.

Stichwort: WÖRTERNICKEN

Ziel: Spontane Gruppenbildung

Fächer: Fächerübergreifend

Klassenstufe: Ab 1

Voraussetzung: Keine

Sozialform: Beliebig

Zeit: 7 - 10 Minuten

Material: Kein

Vorbereitung: Keine

Durchführung: Eine Gruppe von 4-6 Schülern plaziert sich gut sichtbar in der Mitte des Klassenraumes. Jeder der sitzenden Schüler hält die Augen geschlossen, bis die Übung beendet ist. Die übrigen Schüler treten nacheinander an einen beliebigen Schüler aus diesem Kreis heran und nennen ein Wort. Dieser antwortet - je nachdem, ob ihm das Wort gefällt - mit einem Kopfnicken (ja) oder mit Kopfschütteln (nein). Bei einem Kopfnicken gehört der entsprechende Schüler zu seiner Gruppe, wird ein Wort abgelehnt, muß der betreffende Schüler die Runde wiederholen. Die Übung ist beendet, sobald alle Schüler in Gruppen untergebracht sind.

Variation: Anstelle von einzelnen Wörtern sollen ganze Sätze genannt werden.

<u>Stichwort:</u> NAMENSKÄRTCHEN

<u>Ziel:</u> Gruppenbildung

<u>Fächer:</u> Fächerübergreifend

<u>Klassenstufe:</u> Ab 2

<u>Voraussetzung:</u> Die Schüler müssen ihren Namen schreiben und lesen können.

<u>Sozialform:</u> Beliebig

<u>Zeit:</u> Mindestens 10 Minuten

<u>Material:</u> Papier oder Kärtchen und Filzstifte

<u>Vorbereitung:</u> Keine

<u>Durchführung:</u> Alle Schüler schreiben ihren Namen auf einen Zettel bzw. ein Kärtchen.
Sie legen diesen Zettel bzw. das Kärtchen mit ihrem Namen umgedreht auf den Tisch.
Diese werden gemischt. Ein Schüler wird gebeten, diese in die gewünschte Anzahl von Gruppen aufzuteilen (z.B. insgesamt 20 Kärtchen; also 4 Gruppen a 5 Kärtchen).
Nun deckt dieser Schüler jeweils das oberste Kärtchen von jeder Gruppe auf und nennt laut die darauf stehenden Namen. Die entsprechenden Schüler wiederum decken nun sämtliche Kärtschen ihrer Gruppe auf, nennen die darauf stehenden Namen der übrigen Schüler und bilden mit ihnen die Gruppen.

<u>Variation:</u> Alle Schüler teilen die Zettel in die gewünschte Anzahl Gruppen auf, ohne dabei zu reden.

Stichwort: HÄNDE SCHÜTTELN

Ziel: Spontane Gruppenbildung

Fächer: Fächerübergreifend

Klassenstufe: Ab 1

Voraussetzung: Keine

Sozialform: Beliebig

Zeit: 7 - 10 Minuten

Material: Kein

Vorbereitung: Keine

Durchführung: Eine Gruppe von 4-6 Schülern plaziert sich gut sichtbar in der Mitte des Klassenraumes (z.B. auf dem Stuhl sitzend) mit dem Gesicht zu den übrigen Schülern. Die rechte Hand ist dabei vorgestreckt, die Augen sind geschlossen. Nun sollen die übrigen Schüler jeweils nacheinander einem beliebigen aus dieser Gruppe die Hand schütteln, worauf dieser - dem Händedruck entsprechend - mit einem Kopfnicken (ja) oder Kopfschütteln (nein) antwortet. Im Falle einer Ja-Antwort darf sich der betreffende Schüler hinter ihn setzen und gehört somit zu seiner Gruppe. Wird ein Schüler abgelehnt, muß er die Runde wiederholen. Das Spiel ist beendet, wenn alle Schüler in einer Gruppe untergebracht sind.

Stichwort: BERÜHREN

Ziel: Spontane Gruppenbildung

Fächer: Fächerübergreifend

Klassenstufe: Ab 1

Voraussetzung: Keine

Sozialform: Beliebig

Zeit: 7 - 10 Minuten

Vorbereitung: Keine

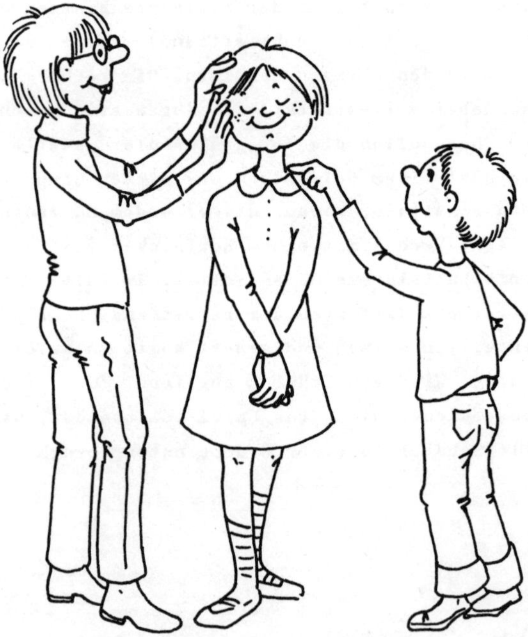

Durchführung: Eine Gruppe von 4-6 Schülern plaziert sich gut sichtbar in der Mitte des Klassenraumes mit dem Gesicht zueinander. Dabei halten sie die Augen geschlossen. Nun sollen die übrigen Schüler nacheinander jeweils einen beliebigen aus dieser Gruppe berühren (z.B. Nase zupfen, Haare streicheln, auf die Schulter klopfen), worauf dieser mit einem Kopfnicken (ja) oder Kopfschütteln (nein) antwortet. Im Falle einer Ja-Antwort darf sich der berührende Schüler hinter ihn setzen und gehört somit zu seiner Gruppe. Wird ein Schüler abgelehnt, muß er die Runde wiederholen. Die Übung ist beendet, wenn alle Schüler untergebracht sind.

Variation: Erlaubt wird nur sanftes Berühren; so sollen die Schüler lernen, ihre Klassenkameraden vorsichtig zu behandeln und ihre Grobheit abzulegen.

Stichwort: NAMENSÄHNLICHKEITEN

Ziel: Spontane Gruppenbildungen; Lautübungen

Fächer: Fächerübergreifend

Klassenstufe: Ab 2

Voraussetzung: Die Schüler sollen die einzelnen Buchstaben und Laute kennen, ihre Namen schreiben und lesen können.

Sozialform: Beliebig

Zeit: 7 - 10 Minuten

Material: Kärtchen, Schreibzeug, Sicherheitsnadeln

Vorbereitung: Keine

Durchführung: Die Schüler schreiben ihren Namen auf ein Kärtchen.
Jeder Schüler heftet sein Kärtchen auf seinen Pullover bzw. Hemd. Aufgabe ist es nun, daß die Schüler Mitschüler (2-4, je nach Wunsch) finden, die einen gleichen Buchstaben in ihrem Namen haben (Beispiel: Hans, Else, Klaus, Susanne).

Stichwort: BUNTE NAMENSKÄRTCHEN

Ziel: Spontane Gruppenbildung

Fächer: Fächerübergreifend

Klassenstufe: Ab 2

Voraussetzung: Die Schüler müssen ihren Namen schreiben und lesen können.

Sozialform: Beliebig

Zeit: ca. 7 Minuten

Material: Papier oder Kärtchen und Filzstifte in 4 verschiedenen Farben

Vorbereitung: Keine

Durchführung: Alle Schüler schreiben ihren Namen auf ein Kärtchen, wobei insgesamt 4 verschiedene Farben benutzt werden können bzw. sollten.

Die Kärtchen werden umgedreht auf einen Tisch gelegt. Dann dürfen sie aufgedeckt werden, und die Schüler suchen sich ihre Gruppen entsprechend den Farben auf ihren Namenskärtchen (z.B.: alle Schüler, die ihre Namen in roter Schrift geschrieben haben, gehören zu einer Gruppe,...).

Variation: Anstelle der verschiedenen Farben können verschiedene Schrifttypen benutzt werden (dann erst ab 4. Schuljahr).

Stichwort: SCHUHE SUCHEN

Ziel: Gruppenbildung

Fächer: Fächerübergreifend

Klassenstufe: Ab 1

Voraussetzung: Keine

Sozialform: Beliebig

Zeit: ca. 10 Minuten

Material: Kein

Vorbereitung: Keine

Durchführung: Jeder Teilnehmer zieht sich einen Schuh aus und legt ihn in die Mitte. Werden nun z.B. drei Gruppen gebildet, so werden drei Teilnehmer in die Mitte geholt (oder gewählt), die eine entsprechende Anzahl Schuhe aussuchen, wie ihre Gruppenstärke sein soll.
Die auf diese Weise zustandegekommenen Gruppen setzen sich dann zusammen.

Variation: Man kann auch andere Gegenstände nehmen: z.B. Handschuhe, Füllfederhalter etc.

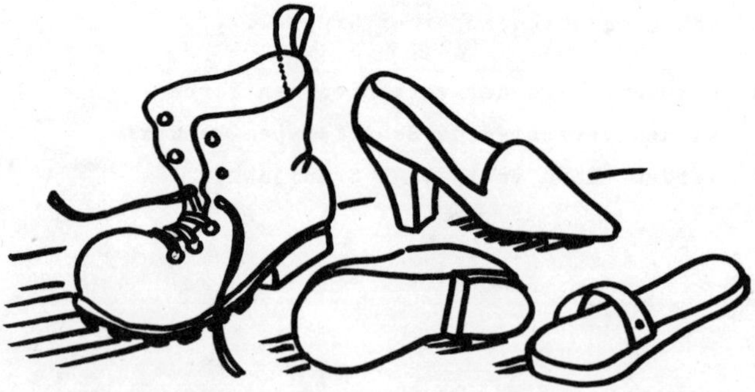

Stichwort: TIERGERÄUSCHE

Ziel: Gruppenbildung

Fächer: Fächerübergreifend

Klassenstufe: Ab 1

Voraussetzung: Lesen können

Sozialform: Beliebig

Zeit: 3 - 5 Minuten

Material: Karten nach Schülerzahl

Vorbereitung: Karten mit Tiernamen versehen; je nach gewünschter Gruppengröße gleiche Zeichen.

Durchführung: Mit Tiernamen beschriftete Karten werden wahllos auf dem Tisch ausgelegt. Die Schüler greifen sich jeder eine Karte und ahmen die Laute des Tieres nach, das auf ihrer Karte steht. Sie suchen damit nach Gruppenpartnern, die gleiche Laute von sich geben.

Variation:

1. Statt der Tiernamen können auch Symbole auf die Karten gemalt werden.
2. Statt der Geräusche können typische Bewegungen der Tiere nachgeahmt werden.

Stichwort: BABYBILDER

Ziel: Gruppenbildung

Fächer: Fächerübergreifend

Klassenstufe: Ab 4

Voraussetzung: Jeder Schüler muß von sich ein Baby-Bild besitzen.

Sozialform: Gruppen

Zeit: 10 - 15 Minuten

Material: Baby-Bild eines jeden Schülers

Vorbereitung: Einsammeln der Bilder und mischen

Durchführung: Je nach dem, wieviel Gruppen gebildet werden sollen, kommen einzelne Schüler zu dem Bilderhaufen und dürfen sich dann je nach Anzahl der Gruppenmitglieder Bilder aussuchen. Danach zeigen sie der Reihe nach die Bilder in der Klasse herum und derjenige, den das Bild zeigt, muß in die Gruppe desjenigen, der sich dieses Bild ausgesucht hat.

Variation: Im Austausch für die Bilder kann jeder Schüler einen seiner liebsten Gegenstände mitbringen. Er darf ihn vorher nicht zeigen. Das Auswahlverfahren läuft ansonsten ab wie bei den Baby-Bildern.

<u>Stichwort:</u> JAHRESZEITEN

<u>Ziel:</u> Schüler sollen in Gruppen die Merkmale der Jahreszeiten erarbeiten und mündlich vortragen.

<u>Fächer:</u> Sachkunde, Deutsch

<u>Klassenstufe:</u> Ab 1

<u>Voraussetzung:</u> Keine

<u>Sozialform:</u> Gruppen

<u>Zeit:</u> 10 - 15 Minuten

<u>Material:</u> Kein

<u>Vorbereitung:</u> Keine

<u>Durchführung:</u> Lehrer bereitet Zettel mit der Beschriftung "Sommer" (1. Gruppe) "Herbst" (2. Gruppe) "Winter" (3. Gruppe) und "Frühling" (4. Gruppe) vor.
Schüler ziehen wahllos die verdeckt liegenden Karten; dadurch wird Gruppenbildung erreicht. Sie sollen nun die typischen Merkmale der betreffenden Jahreszeit herausfinden, aufschreiben und anschließend nach Beendigung der Gruppenarbeit mündlich vortragen.

<u>Variation:</u> Feiertage, Festtage

Stichwort: WAS IST ES

Ziel: Unterrichtsgegenstand erraten und Gruppenbildung.

Fächer: Biologie, Sachkunde, Werken, Musik

Klassenstufe: Ab 2

Voraussetzung: Keine

Sozialform: Gruppen werden gebildet

Zeit: 10 - 15 Minuten

Material: Pro Schüler eine Karteikarte; für je geplante Gruppe einen Unterrichtsgegenstand.

Vorbereitung: Beschriften der Karteikarten

Durchführung: Die Karteikarten sind mit Eigenschaften des/der Unterrichtsgegenstandes/Unterrichtsgegenstände beschriftet. Sie werden mit der beschrifteten Seite nach unten auf einen Tisch gelegt. Die Schüler nehmen sich jetzt jeweils eine Karte. Sie müssen nun herausfinden, welche anderen Eigenschaften zu ihrer Karte passen. Die dadurch gefundene Gruppe errät an der Summe der verschiedenen Eigenschaften den Unterrichtsgegenstand. Die so gefundene Gruppe kann dann den von ihr gefundenen Unterrichtsgegenstand bearbeiten.

Variation: Auf den Karteikarten befinden sich keine Eigenschaften, sondern die Namen von Gegenständen, die alle zumindest eine Eigenschaft gemeinsam haben. Zu erraten ist dann die gemeinsame Eigenschaft.

Stichwort: BILDERSEQUENZEN

Ziel: Gruppenbildung

Fächer: Fächerübergreifend

Klassenstufe: Ab 1

Voraussetzung: Keine

Sozialform: Keine

Zeit: 3 Minuten

Material: So viel Karteikarten, wie Schüler in der Klasse sind.

Vorbereitung: Auf z.B. vier Karteikarten werden Bilder gezeichnet, die eine Sequenz ergeben. Die erste Karte enthält einen Blumentopf, die zweite Blumentopf mit Pflanzenstiel, die dritte Blumentopf mit Pflanzenstiel und Blättern, die vierte Blumentopf mit blühender Pflanze.
Man wählt so viel Sequenzen, wie Gruppen gewünscht werden.

<u>Durchführung:</u> Die Karten werden gemischt; jeder Schüler zieht eine Karte. Die Schüler, die Karten aus der gleichen Sequenz gezogen haben, gehören zu einer Gruppe.

<u>Variation:</u> Statt chronologischer Reihenfolge der Bilder, können unterschiedlich viele, aber gleiche Gegenstände auf den Karten zu sehen sein.

Stichwort: KARTEIKARTEN

Ziel: Gruppenbildung

Fächer: Fächerübergreifend

Klassenstufe: Ab 1

Voraussetzung: Keine

Sozialform: Klassenverband

Zeit: ca. 3 Minuten

Material: Karteikarten in verschiedenen Farben (so viele Farben, wie Gruppen entstehen sollen).

Vorbereitung: So viele Karteikarten abzählen, wie Schüler in der Klasse sind.
So viele Farben auswählen, wie Gruppen gebildet werden sollen.

Durchführung: Die Karteikarten werden gemischt (Farben durcheinander) auf einem Tisch - etwa in der Mitte des Raumes - ausgebreitet. Jeder Schüler nimmt sich eine Karte. Alle Schüler, deren Karteikarten die gleiche Farbe haben, bilden eine Gruppe.

Variation: Karten in unterschiedlichen Größen anbieten.
Karten in unterschiedlichen Formen (Dreiecke, Quadrate, Rechtecke, Kreis etc.) anbieten.

Stichwort: PUSTEN

Ziel: Spontane Gruppenbildung

Fächer: Fächerübergreifend

Klassenstufe: Ab 1

Voraussetzung: Keine

Sozialform: Beliebig

Zeit: 7 - 10 Minuten

Material: Kein

Vorbereitung: Keine

Durchführung: Eine Gruppe von 4-6 Schülern plaziert sich gut sichtbar in der Mitte der Klasse mit dem Gesicht zueinander. Dabei halten sie die Augen geschlossen. Nun sollen die übrigen Schüler nacheinander jeweils einen beliebigen aus dieser Gruppe anpusten, worauf dieser mit einem Kopfnicken (ja) oder Kopfschütteln (nein) antwortet. Im Falle einer Ja-Antwort darf sich der pustende Schüler hinter ihn setzen und gehört somit zu seiner Gruppe. Wird ein pustender Schüler abgelehnt, muß er die Runde wiederholen. Das Spiel ist beendet, wenn alle Schüler untergebracht sind.

Stichwort: P I E P

Ziel: Spontane Gruppenbildung

Fächer: Fächerübergreifend

Klassenstufe: Ab 1

Voraussetzung: Keine

Sozialform: Beliebig

Zeit: 7 - 10 Minuten

Material: Kein

Vorbereitung: Keine

Durchführung: Eine Gruppe von 4-6 Schülern plaziert sich gut sichtbar in der Mitte des Klassenraumes (z.B. im Kreis auf der Erde oder auf einem Stuhl sitzend), und zwar mit dem Gesicht zueinander. Dabei halten sie die Augen geschlossen. Nun sollen die übrigen Schüler nacheinander jeweils einen beliebigen aus dieser Gruppe auswählen und ihm das Wörtchen "piep" in beliebiger Stärke und Tonlage ins Ohr sprechen. Dieser darf nun durch Kopfschütteln (nein) oder Kopfnicken (ja) bestimmen, ob er den "piep" sagenden Schüler in seiner Gruppe aufnimmt. Wird ein Schüler abgelehnt, so muß er die Runde wiederholen. Die Übung ist beendet, wenn alle Schüler in einer Gruppe untergebracht sind.

Variation:

1. Die ausgewählten Schüler sitzen nicht in einem Kreis in der Mitte des Raumes, sondern jeweils in den vier Ecken.
2. Durch vorherige Absprache, wie oft genickt werden darf, können gleichstarke Gruppen gebildet werden.

<u>Stichwort:</u> GERÄUSCHEMACHEN

<u>Ziel:</u> Spontane Gruppenbildung

<u>Fächer:</u> Fächerübergreifend

<u>Klassenstufe:</u> Ab 1

<u>Voraussetzung:</u> Keine

<u>Sozialform:</u> Beliebig

<u>Zeit:</u> 7 - 10 Minuten

<u>Material:</u> Kein

<u>Vorbereitung:</u> Keine

<u>Durchführung:</u> 4 - 6 Schüler setzen sich in der Mitte des Klassenraumes mit dem Gesicht zueinander. Dabei halten sie die Augen geschlossen. Nun sollen die übrigen Schüler nacheinander jeweils an einen beliebigen aus dieser Gruppe herantreten und ein Geräusch machen (z.B. rascheln, knurren, pfeifen...), worauf dieser mit einem Kopfnicken (ja, wenn ihm das Geräusch gefällt) oder Kopfschütteln (nein, wenn ihm das Geräusch nicht gefällt) antworten. Im Falle einer Ja-Antwort darf sich der Geräusch machende Schüler hinter ihn setzen und gehört somit zu seiner Gruppe. Wird ein Schüler abgelehnt, muß er die Runde wiederholen. Das Spiel ist beendet, wenn alle Schüler untergebracht sind.

Stichwort: SPRICHWÖRTER

Ziel: Gruppenbildung

Fächer: Fächerübergreifend

Klassenstufe: Ab 4

Voraussetzung: Keine

Sozialform: Klassenverband

Zeit: ca. 5 Minuten

Material: Karteikarten o.ä.

Vorbereitung: Sprichwörter auf die Karten schreiben.

Durchführung: Sollen z.B. vier Gruppen gebildet werden, stehen vier Arten Sprichwörter auf den Karten, die z.B. etwas über Geld, Liebe, Sonne, Mensch enthalten. Die Karten werden gemischt. Jeder Schüler zieht eine Karte. Alle Schüler, deren Sprichwörter etwas mit Geld zu tun haben, bilden eine Gruppe usw. Es ist wichtig, daß die Schüler miteinander sprechen und durcheinanderlaufen dürfen.

Variation: Sprichwörter über Mond, Tiere etc. In diesem Fall fachspezifisch für Deutsch. Es ist aber ebenso anwendbar für das Fach Geschichte, indem man Sprichwörter über ein Geschichtsthema auf die Karten schreibt.

Beispiele für Sprichwörter:

Sonne

1. Die Sonne bringt es an den Tag
2. Und die Sonne Homers, siehe! sie lächelt auch uns

3. Ich fange an, der Sonne müd' zu sein
4. Im Angesicht der Sonne erbleicht jeder Stern

Liebe

1. Liebe besteht nicht darin, in den anderen hineinzustarren, sondern darin, gemeinsam nach vorn zu blicken
2. Wer sich mit Liebe wappnet, überwindet Zorn, Elend, Übermacht und Mißgeschick.
3. Liebe vertreibt die Zeit, und die Zeit vertreibt die Liebe
4. Es ist kein Weg zu weit, wenn die Liebe treibt

Mensch

1. Der Mensch denkt, Gott lenkt
2. ...hier bin ich Mensch, hier darf ich's sein
3. Es wächst der Mensch mit seinen größeren Zwecken
4. Ein edler Mensch zieht edle Menschen an und weiß sie festzuhalten

Geld

1. Gesundheit ohne Geld ist ein halbes Fieber
2. Das Geld beherrscht als König die ganze Welt
3. Verfüge nie über Geld, ehe Du es hast
4. Viel Geld, große Sünde; aber wenig Geld noch größere

Stichwort: WÜRFELN

Ziel: Gruppenbildung

Fächer: Mathematik

Klassenstufe: Ab 3

Voraussetzung: Grundkenntnisse im Rechnen

Sozialform: Keine

Zeit: ca. 5 Minuten

Material: Pro Schüler ein Würfel

Vorbereitung: Keine

Durchführung: Jeder Schüler würfelt dreimal. Die Augenzahlen eines jeden Schülers werden von ihm addiert.

Jeweils die Schüler mit 1 - 5
6 - 10
11 - 15
16 - 18 Punkten

bilden eine Gruppe.

Variation:

1. Statt Addition kann auch Multiplikation angewendet werden. Die Gruppen müssen dann auf die Augenzahlen zwischen 1 (1·1·1) und 216 (6·6·6) verteilt werden.
2. Es werden mehr als drei Würfe gewürfelt.

Stichwort: CODEWORT

Ziel: Gruppenbildung und Lernerfolgskontrolle

Fächer: Fächerübergreifend

Klassenstufe: Ab 3

Voraussetzung: Keine

Sozialform: Einzel- oder Partnerarbeit

Zeit: 5 - 10 Minuten

Material: Arbeitsbogen

Vorbereitung: Erstellen der Arbeitsbögen

Durchführung: Es werden an die Schüler Arbeitsbögen in verschiedenen Ausführungen verteilt, auf denen nach bestimmten Begriffen, Vokabeln usw. gefragt wird (ähnlich der Fragestellung beim Kreuzworträtsel).
Die Anfangsbuchstaben der gefundenen Wörter ergeben ein Codewort. Alle Schüler mit gleichem Codewort bilden eine Gruppe.

Stichwort: KLAMOTTENSUCHE

Ziel: Spontane Gruppenbildung

Fächer: Fächerübergreifend

Klassenstufe: Ab 1

Voraussetzung: Keine

Sozialform: Gruppen

Zeit: 5 Minuten

Material: Kein

Vorbereitung: Keine

Durchführung: Jeder Schüler sucht sich einen Partner, der farblich ein ähnliches Kleidungsstück trägt wie er selbst.
Die beiden Partner suchen sich jetzt einen dritten Partner nach dem selben Kriterium, bis die gewünschte Gruppenstärke erreicht ist.

Variation: Auswahl nicht nach der Farbe, sondern nach der Art der Kleidungsstücke: Hemd, Pullover usw.

Stichwort: BUCHSTABEN-GRUPPEN

Ziel: Spontane Gruppenbildung

Fächer: Fächerübergreifend

Klassenstufe: Ab 2

Voraussetzung: Lesen und schreiben können

Sozialform: Gruppen

Zeit: 5 Minuten

Material: Kärtchen und Nadel bzw. Klebeband

Vorbereitung: Jeder bereitet zu Hause eine Karte mit seinem Namen vor.

Durchführung: Jeder Teilnehmer steckt oder klebt sich sein Namenskärtchen für die anderen sichtbar an. Nun sucht jeder Schüler sich einen Partner, in dessen Namen mindestens ein Buchstabe von seinem eigenen Namen vorkommt. Die beiden suchen sich jetzt einen weiteren Partner mit ihrem gemeinsamen Buchstaben usw., bis die vom Lehrer geforderte Gruppenstärke erreicht ist.

Gruppen-
aktivitäten!

Stichwort: PUZZLE

Ziel: Gruppenaktivität

Fächer: Fächerübergreifend

Klassenstufe: Ab 1

Voraussetzung: Keine

Sozialform: Gruppen

Zeit: ca. 5 Minuten

Material: Pro Schüler 1 Puzzle

Vorbereitung: Jeweils eine Seite einer Zeitschrift wird zu einem Puzzle zerschnitten und in einen Umschlag gesteckt. Eine bestimmte Anzahl der Umschläge soll an eine Gruppe verteilt werden. Innerhalb jeder Gruppe wird/werden ein (oder mehrere) Puzzleteil(e) in den Umschlägen vertauscht.

Durchführung: Jedes Gruppenmitglied bekommt einen Umschlag und legt das Puzzle. Es muß die fehlenden Teile gegen die nicht zu verwendenden Teile bei den Partnern eintauschen.

Stichwort: PHANTASTISCHE GESCHICHTEN

Ziel: Die Schüler sollen lernen, vor bzw. in einer Gruppe zu sprechen.

Fächer: Deutsch

Klassenstufe: Ab 1

Voraussetzung: Keine

Sozialform: Gruppen von ca. 7-10 Schülern

Zeit: ca. 20 Minuten

Material: Jeder Schüler bringt einen Gegenstand mit.

Vorbereitung: Keine

Durchführung: Es werden Gruppen gebildet. Die Schüler legen ihre Gegenstände jeweils in die Mitte der Gruppe - für alle gut sichtbar. Jetzt denkt sich jeder der Schüler mindestens 3 der Gegenstände und erfindet zu diesen eine kurze Geschichte von ca. 2 Minuten, die er den anderen erzählt. Die Gegenstände müssen in der Geschichte genannt werden.

Variation:

1. Es müssen alle Gegenstände in der Geschichte vorkommen.
2. Die Gegenstände dürfen nicht genannt werden.
3. Es müssen alle Gegenstände in der Geschichte vorkommen, nur der eigene darf nicht genannt werden.

Stichwort: PRO UND CONTRA

Ziel: Diskussionsverhalten

Fächer: Fächerübergreifend

Klassenstufe: Ab 4

Voraussetzung: Keine

Sozialform: Gruppen

Zeit: Beliebig

Material: Kein

Vorbereitung: Keine

Durchführung: Es werden zwei gleichlange Stuhlreihen gegenüber aufgestellt. Diese werden von den Schülern besetzt. Die eine Seite vertritt die Pro-Seite des Diskussionsthemas, die andere Reihe bildet die Kontra-Gruppe. Vorne sitzt die Diskussionsleitung, die nur in dringenden Fällen einzugreifen hat. Welche Seite Pro bzw. Kontra ist, wird vorher nicht angegeben, so daß die Schüler nicht wählen können, für welche Seite sie sich entscheiden.

Variation:

1. Die Schüler können frei wählen, welche Seite sie vertreten wollen und haben die Möglichkeit, während der Diskussion die Seite zu wechseln, wenn sie von der Gegenseite überzeugt wurden.
2. Es werden nicht zwei, sondern drei Stuhlreihen aufgebaut, die dritte zusätzliche Reihe an der Stirnseite ist für "Unentschiedene", die noch keine feste Meinung haben.

Auch hier können die Seiten während der Diskussion wie bei 1. gewechselt werden.

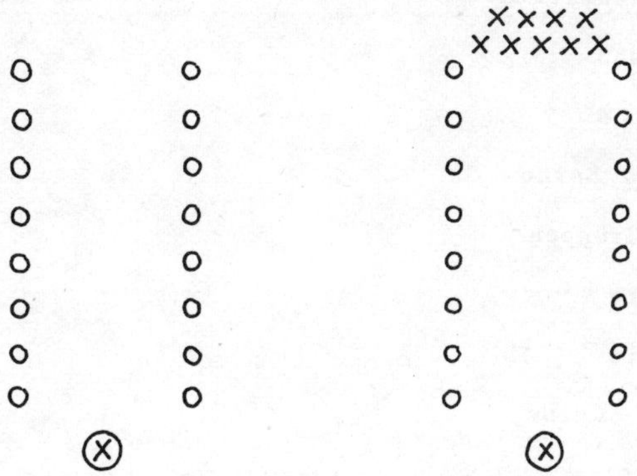

3. Vor Beginn der Diskussion und nach Ende der Diskussion werden die Pro- und Kontra-Stimmen in einer Abstimmung festgestellt. Finden Verschiebungen statt, kann man sich dies begründen lassen.

Stichwort: BILDGESCHICHTE - PUZZLE

Ziel: Gruppenaktivität

Fächer: Deutsch

Klassenstufe: Ab 3

Voraussetzung: Keine

Sozialform: Gruppen

Zeit: Beliebig

Material: Kein

Vorbereitung: Keine

Durchführung: In jede Gruppe wird eine unbekannte Bildgeschichte gegeben, aus der ein Handlungsablauf zu ersehen ist.
Jedes Kind schreibt eine Geschichte zu der Bildgeschichte nieder. Im Anschluß daran werden sie in der Gruppe vorgelesen und diskutiert. Die Kinder sollen die gelungenste Geschichte ihrer Gruppe auswählen und dann der ganzen Klasse vorstellen.

Variation: Jede Gruppe bekommt die gleiche Bildgeschichte. In jeder Gruppe soll eine Geschichte erdacht werden, die zu den Bildern passend ist. Im Anschluß daran werden sie in der Klasse vorgetragen.

Stichwort: MOSAIK

Ziel: Kommunikation innerhalb einer Gruppe lernen.

Fächer: Kunst

Klassenstufe: Ab 1

Voraussetzung: Keine

Sozialform: Gruppenarbeit

Zeit: ca. 45 Minuten

Material: Papier und Malmaterialien

Vorbereitung: Keine

Durchführung: Jede Gruppe bekommt ein Thema für ein Bild. Die Gruppenmitglieder sollen in einem Gespräch klären, was sie malen wollen, und wer was zu dem Bild beitragen soll. Danach soll zusammen das Bild gemalt werden.

Variation: Diese Methode kann später auch in anderen Fächern angewendet werden, z.B. in Deutsch zur gemeinsamen Erarbeitung eines Referats oder eines Textes oder im Sachunterricht zur gemeinsamen Lösung eines Problems.

Stichwort: NASE

Ziel: Gruppenaktivität

Fächer: Deutsch, Biologie, Sachkunde

Klassenstufe: Ab 3

Voraussetzung: Keine

Sozialform: Gruppen

Zeit: Beliebig

Material: Gefäß mit Inhalt (Geruchsgegenstand)

Vorbereitung: Keine

Durchführung: Jeder Schüler verbindet sich die Augen. Auf jeden Gruppentisch wird ein Gefäß gestellt, in dem ein typisch bekannter Geruch enthalten ist, z.B. frisches Gras, Kaffee, Meeresalgen usw. Jedes Kind darf in das Gefäß riechen. Haben alle Gruppenmitglieder den Geruch aufgenommen, sollen sie einen Moment überlegen, mit welchem Erlebnis sie diesen in Verbindung bringen. Anschießend werden die Augenbinden abgenommen, und die Kinder sollen ihre Gedanken niederschreiben. Danach soll jedes Kind in der Gruppe sein Erlebnis berichten.

Variation: Diese Übung könnte im Deutschunterricht zur Übung von Aufsätzen oder für das freie Sprechen dienen.
Im Biologieunterricht dient sie für das Stichwort "Nase" und weiterführend "Sinnesorgane".

Im Sachunterricht könnte das Stichwort "Kaffee" benutzt werden, um Herkunft und Nutzung des Produktes, seine Erzeugung und daran evtl. soziale Verhältnisse im Herkunftsland darzustellen.

Stichwort: MEIN PLOPP IST...

Ziel: Die Schüler sollen eine genaue Beschreibung üben und das Gedächtnis trainieren.

Fächer: Fächerübergreifend

Klasse: Ab 3

Voraussetzung: Keine

Sozialform: Gruppen zu etwa 6 Schülern

Zeit: ca. 15 - 20 Minuten

Material: Jeder Schüler bringt einen originellen Gegenstand mit.

Vorbereitung: Keine

Durchführung: Der erste Schüler beginnt, seinen Gegenstand zu beschreiben - in höchstens 5 kurzen Sätzen. Dabei benutzt er statt des richtigen Namens für den Gegenstand das Wort Plopp.
Er sagt z.B.: "Mein Plopp ist etwa 10 cm lang und gelb." Ist er fertig mit der Beschreibung, so folgt der nächste Schüler mit seiner Beschreibung. Wenn alle Gruppenmitglieder ihren Plopp beschrieben haben, beginnt der erste Schüler wieder den Plopp seines Nachbarn zu beschreiben, den er aber nur aus dessen erster Beschreibung kennt. Der zweite Schüler beschreibt ebenfalls den Plopp seines Nachbarn usw. Zum Schluß darf jeder eine Vermutung äußern, welchen Gegenstand wer mitgebracht hat.

Stichwort: KÖRPERFORMEN BILDEN

Ziel: Jedes Kind soll in der Gruppe gestaltend mitwirken. Die Übung soll die Phantasie der Kinder anregen.

Fächer: Fächerübergreifend

Klassenstufe: Ab 1

Voraussetzung: Keine

Sozialform: Arbeiten in der Gruppe (5-8 Schüler)

Zeit: ca. 10 - 15 Minuten

Material: Kein

Vorbereitung: Keine

Durchführung: Jede Gruppe bekommt die Aufgabe, mit ihren eigenen Körpern Figuren und Abbildungen auf dem Fußboden zu formieren, z.B. aus der Geometrie Kreis, Rechteck,

Quadrat usw. Jeder Schüler der Gruppe muß mit einbezogen werden. Anschließend "legt" jede Gruppe ihre Formationen der übrigen Klasse vor. Gemeinsame Besprechung; weitere Schüleranregungen werden gesucht.

Variation: Die Gruppen denken sich selbst Figuren aus, die von den anderen Kindern geraten werden müssen, z.B. Blumen, Tiere, Gegenstände.

Stichwort: GESCHICHTE ENTWICKELN

Ziel: Gemeinsam Geschichte konstruieren, mit deren Ergebnis sich alle identifizieren können: reden, zuhören. Phantasie soll angesprochen werden.

Fächer: Fächerübergreifend

Klassenstufe: Ab 3

Voraussetzung: Keine

Sozialform: Gruppen

Zeit: 10 - 15 Minuten

Material: Comics, Bildergeschichten

Vorbereitung: Eventuell Herstellung geeigneten Materials.

Durchführung: Jede Gruppe erhält eine Bildergeschichte, die in Worte gefaßt werden soll. Dabei soll die richtige Reihenfolge nicht vorgegeben sein. Die Bildergeschichten sollen möglichst viele Möglichkeiten, eine Geschichte zu entwickeln, zulassen.

Variation: Offenes Ende der Bildergeschichte.
Die Schüler erarbeiten den Schluß; einzelne Schritte der Geschichte fehlen.
Schüler rekonstruieren die fehlenden Sequenzen.

Stichwort: GEHEIMNISVOLLES TUCH

Ziel: Ausprägen des Tastsinns;
Beschreibung üben

Fächer: Fächerübergreifend

Klassenstufe: Ab 1

Voraussetzung: Keine

Sozialform: Gruppen

Zeit: Beliebig

Material: Ein dünnes, aber undurchsichtiges Tuch; je Schüler ein kleiner Gegenstand.

Vorbereitung: Keine

Durchführung: Jeweils ein Schüler aus der Gruppe wickelt einen Gegenstand in das Tuch. Ein anderer Schüler soll den Gegenstand erraten. Er ist dabei auf die Hilfe der übrigen Gruppenmitglieder angewiesen. Der Reihe nach tasten die Schüler den Gegenstand durch das Tuch ab und erzählen dem Ratenden eine Einzelheit über das, was sie beim Befühlen des Gegenstandes empfunden haben. Je genauer die tastenden Schüler den Gegenstand beschreiben, desto eher wird der Ratende zum Ziel kommen.

Hat der Gegenstand in dem Tuch alle anderen Schüler der Gruppe passiert und ist noch nicht erraten worden, darf der ratende Schüler jetzt auch selbst tasten. Erst wenn er die richtige Lösung immer noch nicht weiß, dürfen die übrigen Schüler, die vorher nur tasten und beschreiben, aber nicht mitraten durften, ihre Lösungen nennen. Wer von allen zuerst den richtigen Gegenstand nennt, darf jetzt einen Gegenstand in das Tuch wickeln und erraten lassen.

Stichwort: GEHEIMER GEGENSTAND

Ziel: Zusammenarbeit in der Gruppe

Fächer: Fächerübergreifend

Klassenstufe: Ab 1

Voraussetzung: Keine

Sozialform: Keine

Zeit: ca. 15 Minuten

Material: Jeder Schüler bringt einen kleinen Gegenstand mit.

Vorbereitung: Keine

Durchführung: Die Schüler einer Gruppe malen ein Bild. In diesem Gemeinschaftsbild sollen die Schüler ihre Gegenstände versteckt darstellen. Nachdem alle Bilder fertiggestellt worden sind, soll eine andere Gruppe erraten, welche Gegenstände die Gruppe mitgebracht hat.

Variation: Die Gegenstände der Schüler einer Gruppe werden in deren Abwesenheit auf dem Tisch aufgebaut. Die Schüler dieser Gruppe sollen jetzt, ohne zu sprechen, herausfinden, welcher Gegenstand zu welchem Schüler gehört. Dies kann durch Kopfnicken, Kopfschütteln, Zeigen etc. passieren.

Ist eine Zusammengehörigkeit erkannt worden, muß sich der Schüler hinter dem Gegenstand aufstellen.

Stichwort: ADJEKTIVE RATEN

Ziel: Wahrnehmungsschulung

Fächer: Fächerübergreifend

Klassenstufe: Ab 2

Voraussetzung: Keine

Sozialform: Beliebig

Zeit: ca. 7 - 10 Minuten

Material: Kein

Vorbereitung: Keine

Durchführung: Ein Kind flüstert seinem Nachbarn ein bestimmtes Adjektiv ins Ohr. Dieses Kind muß das Adjektiv mimisch und gestisch darstellen, sein Nachbar wiederum muß es erraten. Nach Erraten denkt er sich ein neues Adjektiv aus und flüstert es seinem Nachbarn wieder ins Ohr.

Variation: Substantive oder Sprichwörter erraten oder alles zeichnerisch darstellen und erraten lassen.

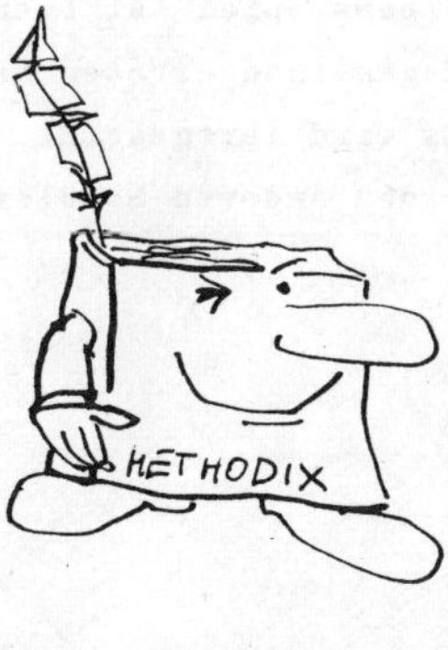

Stichwort: WAS BIN ICH

Ziel: Gruppenaktivität

Fächer: Fächerübergreifend

Klassenstufe: Ab 1

Voraussetzung: Keine

Sozialform: Beliebig

Zeit: ca. 15 Minuten

Material: Jeder Schüler bringt einen Gegenstand mit, den er niemandem zeigt.

Vorbereitung: Keine

Durchführung: Die Schüler sitzen in kleinen Gruppen. Jeder Schüler hat einen Gegenstand bei sich, den er niemandem gezeigt hat.
Ein Schüler pro Gruppe stellt seinen Gegenstand in der Form "Was bin ich" dar. Die anderen Schüler der Gruppe müssen den Gegenstand erraten. Sie dürfen Fragen stellen, Vermutungen äußern, usw. Der Schüler, dessen Gegenstand erraten werden soll, darf nur mit "ja" und "nein" antworten.
Dieses Spiel ist beendet, wenn die Schüler den Gegenstand erraten haben.
Es wird fortgesetzt, indem man den Gegenstand eines anderen Schülers errät.

Stichwort: KÄRTCHENRATEN

Ziel: Gruppenaktivierung

Fächer: Sachkunde, Geographie

Klassenstufe: Ab 4

Voraussetzung: Keine

Sozialform: Gruppe

Zeit: 10 Minuten

Material: Kleine Pappkärtchen

Vorbereitung: Kärtchen anfertigen

Durchführung: Der Lehrer verteilt an jeden Schüler der Gruppe ein von ihm vorher präpariertes Kärtchen, z.B. zum Thema: Flüsse in Deutschland.
Jedes Gruppenmitglied bekommt ein Kärtchen mit einem Flußnamen. Nun ist es die Aufgabe jedes einzelnen Schülers, seinen ihm zugeteilten Fluß zu beschreiben (Ursprung, Städte und Berge die er durchläuft usw.). Die gesammelten Ergebnisse werden danach gemeinsam anhand einer Landkarte kontrolliert.

Variation: Die Kärtchen bleiben verdeckt. Jeder Schüler beschreibt nun seinen Fluß, ohne den Namen zu nennen.
Die anderen Schüler müssen diesen erraten.

Stichwort: INTERVIEW

Ziel: Gruppenaktivität

Fächer: Fächerübergreifend

Klassenstufe: Ab 3

Voraussetzung: Keine

Sozialform: Beliebig

Zeit: ca. 30 Minuten

Material: Papier und Bleistift

Vorbereitung: Themen überlegen

Durchführung: Der Lehrer (allein oder mit den Schülern) erstellt Zettel, auf denen jeweils ein anderes Thema steht.

Z.B. Verhältnis zur Religion
Verhältnis zur Musik
Verhältnis zu Büchern
Verhältnis zur Arbeit ...

Die Gruppen ziehen jeweils einen Zettel. Sie haben nun die Aufgabe, sich gemeinsam Fragen zu überlegen, die in ihren Themenbereich fallen, und die sie fremden Personen (z.B. Passanten auf der Straße) stellen können.
Dann geht jede Gruppe für sich los und befragt Passanten, was ihnen zu ihrem Thema einfällt.
Später wird alles zusammengetragen und gemeinsam erörtert.

Variation: Jede Gruppe hat das gleiche Thema.

<u>Stichwort:</u> THEMA SPIELEN

<u>Ziel:</u> Gruppenarbeit aktivieren; Sprechübungen (freies Sprechen).

<u>Fächer:</u> Deutsch

<u>Klassenstufe:</u> Ab 2

<u>Voraussetzung:</u> Keine

<u>Sozialform:</u> Gruppenarbeit

<u>Zeit:</u> ca. 30 Minuten

<u>Material:</u> Kein

<u>Vorbereitung:</u> Kleinere Themen für verschiedene Rollenspiele bereit haben.

<u>Durchführung:</u> Der Lehrer gibt jeder Gruppe ein Thema, zum Beispiel: "Die zerbrochene Vase". Er teilt es jeder Gruppe mündlich mit oder schreibt das Thema auf einen Zettel.
Jede Gruppe erhält die Aufgabe, sich zu dem Thema eine kleine Geschichte auszudenken und die Rollen der Personen, die in der Geschichte vorkommen sollen, so zu verteilen, daß jeder Schüler eine Rolle hat. Anschließend soll jede Gruppe ihre Geschichte aus dem Stegreif vor den anderen Gruppen vorspielen.

<u>Variation:</u> Jede Gruppe erhält das gleiche Thema. Der Anfang einer Geschichte wird vorher vom Lehrer erzählt, nur das Ende bleibt offen und soll ausgedacht werden.

Stichwort: BLINDE TÜTE

Ziel: Gruppenaktivierung

Fächer: Fächerübergreifend

Klassenstufe: Ab 1

Voraussetzung: Keine

Sozialform: Gruppe

Zeit: 20 Minuten

Material: Kleine Gegenstände, undurchsichtige Plastiktüten, Filzschreiber

Vorbereitung: Keine

Durchführung: Jeder Schüler bringt einen kleinen Gegenstand, der in einem undurchsichtigen Plastikbeutel verpackt ist, mit in die Schule. Die Tüten werden innerhalb der Gruppe durchnumeriert. Danach werden sie der Reihe nach herumgegeben, und jeder muß nun durch Ertasten herausbekommen, um welchen Gegenstand es sich jeweils handelt. Die Ergebnisse werden von jedem auf einem Zettel festgehalten und später in der Gruppe untereinander verglichen.

Stichwort: WER IST DAS

Ziel: Schulung der Beobachtung

Fächer: Fächerübergreifend

Klassenstufe: Ab 3

Voraussetzung: Keine

Sozialform: Beliebig

Zeit: ca. 15 Minuten

Material: Papier und Bleistift

Vorbereitung: Keine

Durchführung: Jeder Schüler beschreibt sich selber auf einem Zettel, und zwar zunächst nur die Kleidung bzw. sein Äußeres. Die Karten werden abgegeben und gemischt. Ein Schüler zieht eine Karte und liest vor. Die anderen Schüler raten, wer das sein kann. Auf ein bestimmtes Kommando zeigen alle Schüler auf eine Person.

Variation: Die Schüler können Hobbys oder persönliche Eigenschaften auf die Zettel schreiben.

Stichwort: GESCHICHTENPANTOMIME

Ziel: Freies Reden, Geschichten weitererzählen, Förderung non-verbaler Kommunikation, freies Darstellen.

Fächer: Fächerübergreifend

Klassenstufe: Ab 1

Voraussetzung: Keine

Sozialform: Gruppen

Zeit: ca. 20 Minuten

Material: Kleine Zettel, pro Schüler 6, 1 Würfel pro Gruppe, 1 Karton pro Gruppe, Gegenstände der Schüler, Schreibmaterial.

Vorbereitung: Keine

Durchführung: Bilden von Gruppen mit ungefähr 8 Schülern.
Jeder Schüler schreibt bzw. malt auf je 6 Zetteln irgendein Wort bzw. Bild, das von seinem Gegenstand handelt. Alle Zettel einer Gruppe werden in den zur Gruppe gehörenden Karton getan.
Ein Schüler fängt an zu würfeln, entsprechend der Augenzahl darf er Zettel aus dem Karton ziehen. Mit den auf den Zetteln zu erkennenden Merkmalen fängt er an, eine Geschichte zu erzählen.
Die anderen Schüler versuchen das, was erzählt wird, gleichzeitig darzustellen, entweder jeder für sich allein oder alle zusammen. Hat der erzählende Schüler alle Merkmale verbraucht, so darf der nächste Schüler

würfeln und sich Zettel aus dem Karton ziehen. Er soll die angefangene Geschichte weitererzählen.

<u>Variation:</u> Geschichte wie oben erzählen, die pantomimische Darstellung weglassen.

Stichwort: DIE ERSTEN FÜNF MINUTEN

Ziel: Gruppenaktivität

Fächer: Fächerübergreifend

Klassenstufe: Ab 4

Voraussetzung: Keine

Sozialform: Beliebig

Zeit: Beliebig

Material: Kein

Vorbereitung: Keine

Durchführung: Dieses Spiel soll zwei Teilnehmer etwas näher bekannt machen.
Jeder sucht sich einen Partner. Danach hat man 6 Minuten Zeit, um einander zu interviewen: Was jeder in den ersten 5 Minuten des Tages getan, gedacht, gesagt, gefühlt hat. Jeder befragt also den anderen 3 Minu-

ten. Danach setzt man sich in einem großen Kreis zusammen und berichtet von seinem Gespräch in folgender Weise: Ein Paar beginnt, indem der eine den Ablauf der 5 Minuten des anderen darstellt. Der andere ergänzt oder stellt falsch Verstandenes richtig.
Danach wird der Partner an die Reihe kommen und stellt nun die Gedanken, Gefühle usw. seines Partners dar.
Dieses gilt nun für alle Paare.

<u>Stichwort:</u> GRUPPENAUFSATZ

<u>Ziel:</u> Kommunikation innerhalb einer Gruppe, gemeinsame Erarbeitung eines Aufsatzes.

<u>Fächer:</u> Deutsch

<u>Klassenstufe:</u> Ab 3

<u>Voraussetzung:</u> Keine

<u>Sozialform:</u> Gruppen

<u>Zeit:</u> ca. 40 Minuten

<u>Material:</u> Karteikarten

<u>Vorbereitung:</u> Keine

<u>Durchführung:</u> Jede Gruppe bekommt das gleiche Aufsatzthema. In den ersten fünf Minuten soll jeder Schüler sich Gedanken zum Thema machen und diese jeweils auf Kärtchen aufschreiben. Die Ideen werden in der Mitte des Tisches gesammelt und geordnet. Anhand dieser Gedanken sollen die Kinder zusammen im Gespräch einen Aufsatz erarbeiten und diesen dann aufschreiben.

<u>Variation:</u> Es können auch fachspezifische Themen (Biologie, Geschichte, Geographie) gestellt werden.

Stichwort: FLASCHE DREHEN

Ziel: Gruppenaktivität

Fächer: Fächerübergreifend

Klassenstufe: Ab 1

Voraussetzung: Keine

Sozialform: Kreisform

Zeit: Beliebig

Material: 1 Flasche (Flaschenanzahl je nach Gruppenanzahl: 1 Flasche pro Gruppe)

Vorbereitung: Keine

Durchführung: Ein Freiwilliger setzt sich in die Mitte des Kreises, den die Gruppe gebildet hat.
Er hat die Aufgabe, die Flasche zu drehen. Dabei sagt er: Derjenige, auf den die Flasche zeigt, muß ... Er überlegt sich nun eine kleine Aufgabe, die der Betreffende ausführen muß.
Anschließend geht der Betreffende, der die Aufgabe zu erfüllen hatte, in die Mitte, und das Spiel geht von vorne los.
Beispiele für Aufgaben:
Man muß auf allen vieren durch den Raum laufen und vier Teilnehmer anbellen.
Man muß das ABC einmal rückwärts aufsagen.
Man muß eine Begebenheit pantomimisch darstellen ...

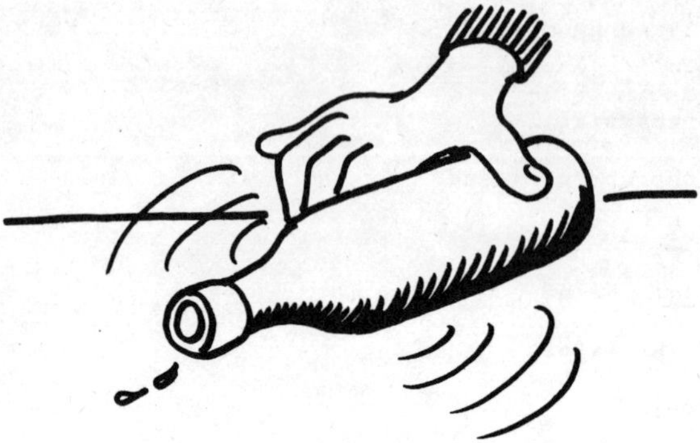

<u>Variation:</u> **Einsetzen in den Fächern, z.B. Deutsch. Die Aufgaben sind dementsprechend themenbezogen: Gedicht aufsagen, Geschichte vorlesen, ...**

Stichwort: GEFÜHLSQUALITÄTEN

Ziel: Sichtbarmachen der Darstellungsformen menschlicher Gefühle. Bearbeitung der Diskrepanz zwischen Sprache und Mimik.

Fächer: Deutsch, Gemeinschaftskunde

Klassenstufe: Ab 7

Voraussetzung: Keine

Sozialform: Gruppen von 6 - 10 Schülern

Zeit: 10 - 15 Minuten

Material: Textmaterial, unbeschriebene Zettel, Schreibmaterial.

Vorbereitung: Keine

Durchführung: Von jedem Teilnehmer wird eine Gefühlsqualität, beispielsweise stolz, ängstlich, wütend, niedergeschlagen u.ä. auf einen Zettel geschrieben.
Nachdem alle Zettel gesammelt sind, zieht jedes Gruppenmitglied einen Zettel. Nacheinander trägt nun jedes Gruppenmitglied einen Teil des Textes dem vorgeschlagenen Gefühl entsprechend, das, was auf dem Zettel stand, vor. Der Rest der Gruppe versucht im Anschluß an jede Dramatisation das Gefühl herauszufinden, welches vermittelt werden sollte.

Variation: Die Aufgaben dieser Ubung können auch von Kleingruppen übernommen werden.

Lit.-Hinweis: FIGGE (1975)

<u>Stichwort:</u> ERKENNE MICH

<u>Ziel:</u> Gruppenaktivitäten,
gegenseitiges Kennenlernen.

<u>Fächer:</u> Fächerübergreifend

<u>Klassenstufe:</u> Ab 3

<u>Voraussetzung:</u> Jeder Schüler bringt einen unbekannten Gegenstand mit.

<u>Sozialform:</u> Kreis

<u>Zeit:</u> Beliebig

<u>Material:</u> Gegenstände

<u>Vorbereitung:</u> Keine

<u>Durchführung:</u> Alle Gegenstände werden offen auf den Fußboden gelegt. Die Schüler bilden einen Kreis. Jeder aus dem Kreis nimmt einen Gegenstand vom Boden auf und bringt ihn zu einem Schüler seiner Wahl; zu einem Schüler, von dem er vermutet, daß dieser den Gegenstand mitgebracht hat. Dazu gibt er eine Begründung seiner Wahl. Der Angesprochene nimmt den Gegenstand, sofern er ihn mitgebracht hat und gibt eine Begründung, was dieser Gegenstand für ihn bedeutet.
Ist er nicht der Eigentümer, so gibt er den Gegenstand zurück mit der Begründung, warum er diesen Gegenstand nicht mitbringen konnte oder wollte. Dazu nennt er eine Merkmalseigenschaft des Gegenstandes, den er wirklich mitgebracht hat.

Stichwort: TAUSCHAKTION

Ziel: Wahrnehmung der Schüler fördern; genaues Beobachten.

Fächer: Fächerübergreifend

Klassenstufe: Ab 1

Voraussetzung: Keine

Sozialform: Gruppen - oder bei der gesamten Klasse: Kreisform.

Zeit: ca. 15 Minuten

Material: Kein

Vorbereitung: Keine

Durchführung: Die Schüler setzen sich gruppenweise (oder im Kreis) zusammen. Ein Schüler jeder Gruppe geht kurz aus dem Klassenzimmer. Die übrigen Schüler nehmen innerhalb ihrer Gruppe eine optische Veränderung vor.

Beispiel:

Zwei Schüler tauschen ihre Strickjacken aus und ziehen die "fremde" an. Ein Schüler trägt die Brille eines anderen. Zwei Schüler tauschen ihre Plätze ...

Nach dieser optischen Veränderung werden die hinausgegangenen Schüler von ihrer Gruppe hereingerufen und sollen die stattgefundene Veränderung herausfinden.

Jeder Schüler jeder Gruppe erhält einmal diese Aufgabe.

Stichwort: HÖR GUT ZU

Ziel: Freies Reden; Intensives Zuhören; Gedächtnisübung.

Fächer: Fächerübergreifend

Klassenstufe: Ab 3

Voraussetzung: Keine

Sozialform: Gruppen (mindestens 5 Schüler pro Gruppe)

Zeit: 20 Minuten

Material: Jeder Schüler bringt einen kleinen Gegenstand mit, den er den anderen Schülern nicht zeigt.

Vorbereitung: Keine

Durchführung: Jeder Schüler erzählt eine kleine Geschichte über seinen Gegenstand. Der Gegenstand wird in der Geschichte erwähnt aber nicht besonders hervorgehoben. Nachdem alle Schüler ihre Geschichte über ihren Gegenstand erzählt haben, legen sie ihre mitgebrachten Gegenstände mit geschlossenen Augen in die Kreismitte, so daß keiner sehen kann, wer welchen Gegenstand mitgebracht hat.

Ein Schüler versucht nun, die Gegenstände den Gruppenmitgliedern zuzuordnen, mit Hilfe der Informationen aus den Geschichten. Die Schüler, denen der falsche Gegenstand zugeordnet wurde, legen die Gegenstände wieder in die Kreismitte zurück. Ein anderer Schüler versucht nun, die restlichen Gegenstände richtig zuzuordnen.

So geht es weiter, bis alle Gegenstände den richtigen Schülern zugeordnet sind.

<u>Variation:</u> Das Spiel wird schwieriger, wenn der Gegenstand in der Geschichte <u>nicht</u> erwähnt, sondern nur beschrieben werden darf.

Zur
Unterrichtsführung

Stichwort: UHR

Ziel: Lösen einer Aufgabe in einer bestimmten Zeit. Die Schüler sollen lernen, sich die Zeit, die sie bekommen, einzuteilen.

Fächer: Fächerübergreifend

Klassenstufe: Ab 2

Voraussetzung: Schüler müssen Uhrzeit ablesen können.

Sozialform: Beliebig

Zeit: Wird jeweils vom Lehrer genau angegeben.

Material: Uhr; möglichst eine große Pappuhr oder ein großer Wecker.

Vorbereitung: Pappuhr anfertigen

Durchführung: Der Lehrer stellt die mitgebrachte Uhr so auf, daß alle Schüler sie gut sehen können. Während des Unterrichts gibt er den Schülern außer der Arbeitsanweisung (z.B. für die Bearbeitung eines Textes) auch die Zeit an, die die Schüler für diese Arbeit zur Verfügung haben.

Variation: Statt eines Weckers kann auch eine Eieruhr benutzt werden; die Methode ist dann schon im 1. Schuljahr anwendbar.

Stichwort: STRICHZEIT

Ziel: Selbstkontrolle für Schüler; lösen von Arbeitsaufgaben in einer bestimmten Zeit.

Fächer: Fächerübergreifend

Klassenstufe: Ab 2

Voraussetzung: Keine

Sozialform: Beliebig

Zeit: Beliebig

Material: Kein

Vorbereitung: Keine

Durchführung: Der Lehrer gibt den Schülern eine Aufgabe mit dem Hinweis, diese in einer bestimmten Zeit zu lösen. Die Zeit beginnt mit dem Ende der Arbeitsanweisung und ist abgeschlossen mit einer vorher zu bestimmenden Anzahl von Kreidestrichen, die an die Wandtafel gemalt werden.

Beispiel:

Lehrer: Wenn ich den fünften Kreidestrich an die Tafel male, müßt Ihr mit der Lösung der gestellten Aufgabe fertig sein!

Variation:

1. Der Lehrer zeichnet eine bestimmte Anzahl Kreidestriche an die Wandtafel und gibt somit die Zeitspanne an, die die Schüler benötigen dürfen, um die Arbeitsaufgaben zu lösen. Durch Auslöschen der Kreidestriche wird die Zeitspanne bis zur Lösung eingeschränkt.

2. Blättchen an die Tafel kleben, siehe Durchführung.

Stichwort: WIR PLANEN MIT!

Ziel: Beteiligung der Schüler an der Planung des Unterrichts.

Fächer: Fächerübergreifend

Klassenstufe: Ab 3

Voraussetzung: Keine

Sozialform: Klassenverband

Zeit: Beliebig

Material: Drei verschiedenfarbige Papptafeln oder festes Papier (ca. 50 x 50 cm).

Vorbereitung: Lehrplan durcharbeiten

Durchführung: An die Klassenwand werden nebeneinander 3 Papptafeln gehängt.

1. Auf die linke Pappe schreibt der Lehrer das auf, was die Schüler in den kommenden 3 Monaten lernen müssen (z.B. laut Lehrplan).
2. Auf die rechte Pappe schreiben Lehrer und Schüler auf, was sie gerne in diesen nächsten Monaten an Projekten und Themen erarbeiten wollen.
3. Auf die mittlere Pappe tragen die Schüler die Arbeitsschritte und Tätigkeiten im Rahmen des gegenwärtigen Projektes ein.

Ein solcher Plan kann wie folgt benutzt werden:

a) Auf der rechten Pappe streichen die Schüler das Projekt, das sie durchgeführt haben.

b) Auf der mittleren Pappe streichen die Schüler die einzelnen Arbeitsschritte, wenn sie sie erledigt haben (auf diese Weise wird den

Schülern der Fortgang ihrer Arbeit auch optisch wahrnehmbar).

c) Auf der linken Pappe kreuzen die Schüler das Lernziel an, dem ein realisierter Arbeitsschritt auf der mittleren Pappe zuzuordnen ist (auf diese Weise sehen die Schüler, wie oft im Laufe der Woche die einzelnen Lernziele in Arbeitsschritten berücksichtigt worden sind).

Am Ende der Dreimonatsphase werden unerledigte Projekte und zu wenig berücksichtigte Lernziele in den nächsten Dreimonatsplan übernommen.

Lit.-Hinweis: BOETTCHER (1976)

Stichwort: STÜHLERÜCKEN

Ziel: Wiederholung eines vorher durchgenommenen Stoffes.

Fächer: Fächerübergreifend

Klassenstufe: Ab 1

Voraussetzung: Keine

Sozialform: Beliebig

Zeit: ca. 10-15 Minuten

Material: Kein

Vorbereitung: Keine

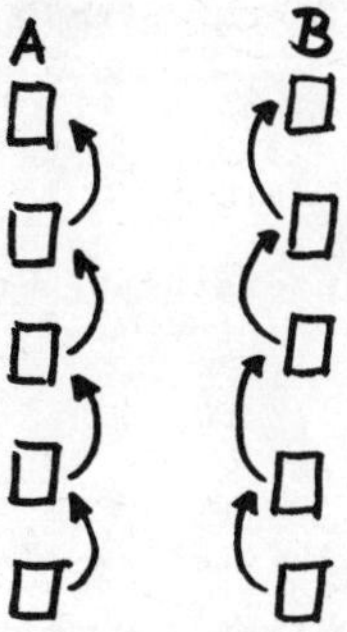

Durchführung: Innerhalb der Klasse werden zwei Gruppen (A und B) gebildet. Dann werden zwei, sich gegenüberstehende Stuhlreichen (A/B) aufgebaut. Jede Reihe besteht aus 5 nebeneinanderstehenden Stühlen; die Sitzflächen zeigen in die Mitte, ein Mittelgang muß beachtet werden. - Aus jeder Gruppe werden nun 5 Schüler ausgesucht, die in ihrer (A/B) Reihe Platz nehmen. Nun kann die erste Aufgabe an diese 10 Schüler gestellt werden. Derjenige, der sie als erster lösen kann, kehrt auf seinen Platz in der Klasse zurück; in der Reihe wird aufgerückt, und es folgt nun ein anderer Schüler aus der Gruppe, der den freigewordenen Platz in der Reihe wieder besetzt. - Es hat die Gruppe gewonnen, die zuerst alle ihre Mitglieder einmal durch ihre Reihen "rücken" lassen konnten.

Stichwort: RÜCKMELDER

Ziel: Überprüfung des eigenen Unterrichtstils

Fächer: Fächerübergreifend

Klassenstufe: Ab 3

Voraussetzung: Keine

Sozialform: Einzelarbeit, Gruppenarbeit

Zeit: Beliebig

Material: Kasten

Vorbereitung: Aufstellen eines Kastens (Schuhkarton, Zigarrenkiste), möglichst mit einer Signalfarbe gestrichen.

Durchführung: Die Schüler bekommen die Aufgabe, Ideen zur Unterrichtsgestaltung auf einen Zettel zu schreiben. In den unteren Klassen gibt der Lehrer Hilfestellung in folgender Form: "Was macht ihr in meinem Unterricht am liebsten?" oder "Denkt euch einmal aus, was wir im Unterricht zusammen machen könnten", oder "Welches Thema wollen wir demnächst behandeln?" oder "Wozu habt ihr eigentlich nie Lust?".
Die Zettel werden in den Kasten gelegt, vom Lehrer durchgesehen und die Ideen mit der Klasse besprochen.
Es ist der Klasse vorher zu sagen, daß auf den Zetteln keine Namen stehen müssen, weil sonst Kritik am Unterricht des Lehrers ausbleibt!

Variation: Der Kasten hat seinen festen Platz in der Klasse, und die Schüler können unaufgefordert jederzeit solche Zettel hineinlegen.

Anmerkung:

Kommt keine Kritik in den Kasten, dann ist Ihr Unterricht noch lange nicht das Non-plus-ultra!

Vielleicht haben Ihre Schüler Angst vor Ihnen! Geben Sie ihnen den Tip, die Zettel entweder mit der Schreibmaschine oder von einem Freund schreiben zu lassen, damit Sie den "Meckerer" mit Sicherheit nicht am Schriftbild erkennen!

<u>Stichwort:</u> SCHIEDSRICHTER

<u>Ziel:</u> Störungen im Unterricht vermeiden

<u>Fächer:</u> Fächerübergreifend

<u>Klassenstufe:</u> Ab 1

<u>Voraussetzung:</u> Keine

<u>Sozialform:</u> Klassenverband

<u>Zeit:</u> ca. 2 Minuten

<u>Material:</u> Zwei Kärtchen (gelb und rot), mehrere Hausaufgabengutscheine.

<u>Vorbereitung:</u> Zuschneiden der Kärtchen, Ausschreiben der Hausaufgabengutscheine.

<u>Durchführung:</u> Der Lehrer erklärt den Schülern, daß er die gelbe und die rote Karte ähnlich benutzen wird, wie sie der Schiedsrichter auf dem Fußballplatz benutzt (bei unfairem Spiel eines Spielers wird ihm die gelbe Karte gezeigt, bei groben Fouls die rote. Dreimal gelb entspricht einmal rot, Platzverweis!).
Bei Störungen des Unterrichts durch Schüler ist der Lehrer durch Zeigen der Karte in der Lage, Maßnahmen zu ergreifen, diese Störungen abzubauen. Beim Zeigen der Karte muß der Lehrer unterscheiden zwischen "leichter" Stötung (gelb) und "starker" Störung (rot).
Die zu ergreifenden Maßnahmen sollten keine üblichen "Strafen" sein, sondern nach Möglichkeit für die nicht störenden Schüler belohnenden Charakter haben, damit die störenden Schüler motiviert werden, sich durch Nichtstören ebenfalls zu belohnen.

Das könnte wie folgt geschehen:
Pro gelbe Karte bekommt der störende Schüler einen Strich. Bei einer roten Karte drei Striche.
In regelmäßigen Abständen (zwei Wochen) verteilt der Lehrer Hausaufgabengutscheine. Wer z.B. mehr als drei Striche hat, bekommt keinen Gutschein.
Hat ein Schüler durch einen für ihn wichtigen Grund keine Hausaufgaben machen können, gibt er dafür den Gutschein ab und braucht die Hausaufgaben nicht zu machen.

Stichwort: PLUS-MINUS-KONTO

Ziel: Motivation zu Hausaufgaben, selbständiges Arbeiten.

Fächer: Fächerübergreifend

Klassenstufe: Ab 3

Voraussetzung: Hausaufgaben erteilen sowie ständige Kontrolle der Hausaufgaben von jedem Schüler.

Sozialform: Beliebig

Zeit: Entsprechend

Material: Heft, Mappe oder Liste

Vorbereitung: Anfertigen einer Namenliste der Schüler.

Durchführung: Der Lehrer fertigt eine Liste mit den Namen der Schüler an. Hinter den Namen muß genügend Platz bleiben für Plus- oder Minusstriche.

Beispiel:
Hat ein Schüler die Hausaufgabe nicht gemacht, bekommt er ein Minus mit Bleistift angeschrieben. Holt er die Hausaufgabe zur nächsten Stunde nach, erlischt das Minus. Andernfalls bleibt es bestehen.
Nun besteht aber auch die Möglichkeit, das Minus später durch ein Plus auszugleichen: Die Schüler suchen sich eine Sonderaufgabe aus einem von ihnen frei gewählten Fach über ein Thema nach ihren Interessen.
Der Umfang solcher Sonderaufgaben sollte ungefähr dem der Hausaufgaben entsprechen.

Variation: Für eine "Große Zusatzaufgabe" gibt es drei Pluspunkte. Jeder Pluspunkt gleicht ein Minus aus. Für jede Pflichtaufgabe (Hausaufgabe) gibt

es einen Pluspunkt. Somit muß auch jede Aufgabe vom Lehrer angesehen werden.
Häufig kommen die Schüler von selbst und gleichen ein Minus aus, indem sie die Sonderaufgabe unaufgefordert nachliefern.
Dieses System entspricht einem ständigen Lob und Tadel (von den Schülern selbst zu kontrollieren und zu beeinflussen). Das Lob besteht in der unterschiedlichen Anzahl der Pluspunkte.

Stichwort: STUHLRÜCKEN

Ziel: Konfliktlösung

Fächer: Fächerübergreifend

Klassenstufe: Ab 4

Voraussetzung: Keine

Sozialform: Zwei Schüler sitzen sich gegenüber, die anderen bilden einen Kreis um die zwei Schüler.

Zeit: Beliebig

Material: Zwei Stühle

Vorbereitung: Keine

Durchführung: Besteht zwischen zwei Schülern einer Klasse ein Konflikt (Streit, Unstimmigkeiten), so setzen sich diese in einem Abstand von mindestens vier Metern auf zwei Stühlen gegenüber. Die anderen Schüler bilden um die beiden Kontrahenten einen Kreis.

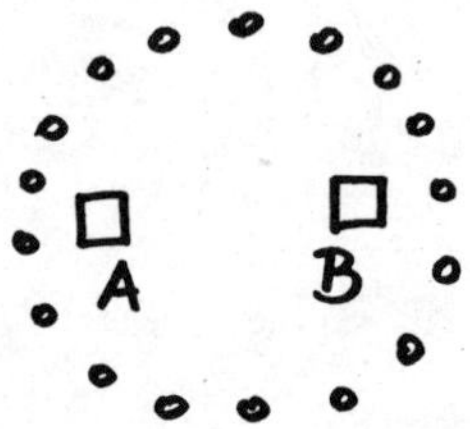

Die Schüler A und B sollen nun durch die unten aufgeführte Gesprächsform versuchen, den Konflikt zu lösen. Die Schüler in dem Außenkreis dürfen nicht in das Gespräch eingreifen.

Schüler A beginnt, seine Meinung zu dem Konflikt Schüler B mitzuteilen, der ihn nicht unterbrechen darf.
Hat Schüler B die Darlegung der Meinung akzeptiert, so rückt er ein Stück mit seinem Stuhl auf Partner A zu. Akzeptiert Schüler B nicht das Gesagte von Schüler A, so rückt dieser ein Stück mit seinem Stuhl von seinem Gegenüber ab.
Daraufhin ist Schüler B an der Reihe, seine Ansichten zu äußern. Schüler A darf Schüler B nicht unterbrechen und gibt seine Zustimmung (rückt auf B zu) oder zeigt Ablehnung (rückt ab von B). Wie weit der Stuhl jeweils noch vorn oder nach hinten gerückt wird, bleibt beiden Schüler überlassen.

Variation:

1. Die zwei Kontrahenten dürfen sich Berater hinzuholen und sich mit ihnen absprechen.
2. Zwischen dem Klassenlehrer und der Klasse (vertreten durch den Klassensprecher) können so Konflikte oder Meinungsverschiedenheiten ausgetragen werden.

Stichwort: KLASSENARBEIT

Ziel: Reduzierung der Angst bei den Schülern vor Klassenarbeiten.

Fächer: Fächerübergreifend

Klassenstufe: Ab 3

Voraussetzung: Keine

Sozialform: Klassenverband

Zeit: Beliebig

Material: Siehe Vorbereitung

Vorbereitung: Zusammenstellen von Fragen mit Antworten bzw. Rechenaufgaben mit Lösungsweg und Lösung.

Durchführung: Die Schüler erhalten vom Lehrer ca. vierzehn Tage vor der Klassenarbeit einen Katalog von Fragen mit den dazugehörigen Antworten. Die Antworten müssen dabei nicht immer auf die einzelnen Fragen verweisen, sondern können getrennt den Schülern gegeben werden. Die Schüler müssen dann die Antworten den Fragen zuordnen.
Als Hilfe sei hier auf die Arbeitshefte für die Hand des Lehrers verwiesen, die auch den Schülern ausgehändigt werden könnten (bzw. die entsprechenden Auszüge).

Werden z.B. zwanzig Fragen oder Aufgaben angekündigt, umfaßt der Fragenkatalog etwa achtzig bis hundert Fragen mit Antworten, je nach Klassenstufe. Es dürfen dann in der Klassenarbeit nur Fragen aus dem Katalog genommen werden.

Werden Lehrerarbeitshefte verwendet, kann ein Fragen- oder Aufgabenkomplex genannt werden.

Während der Klassenarbeit ist den Schülern zu helfen. Meldet sich ein Schüler, der Schwierigkeiten hat, geht der Lehrer zu ihm. Ist das Prinzip des Lösungsweges bzw. der Frage richtig, so soll der Lehrer seinerseits dem Schüler einen Denkanstoß geben, so daß er die Beantwortung der Aufgabe zu Ende führen kann.

Anmerkung:
So lange es keine brauchbaren Alternativvorschläge gibt, die Leistung der Schüler außer durch Benotung von Klassenarbeiten zu ermitteln (ausgenommen sind hier alle Tests), muß dieses System akzeptiert werden. Die Gefahr, bei der normalen Art und Weise Klassenarbeiten schreiben zu lassen, führt zuweilen zu einem konfliktreichen Verhältnis zwischen Lehrer und Schüler.

Das beschriebene Verfahren gewinnt ein hohes Maß an Fairneß, weil keine unerwarteten Fragen in den Klassenarbeiten auftauchen können.
Es ist jedem Lehrer bekannt, daß die Prüfungsangst physiologische Vorgänge auslösen, die die Denkfähigkeit blockieren können (vgl. VESTER, 1975, 1978).
Fast jeder Lehrer hat während seiner Ausbildung über Klausuren und Prüfungen geschimpft und sie verteufelt. Um so verwunderlicher ist es, daß er

exakt das gleiche Verfahren anwendet. Durch kleine Hilfestellungen und Denkanstöße während einer Klassenarbeit entkrampft sich der Organismus des Schülers allmählich und die Denkblockaden verringern sich. Der Grund ist darin zu suchen, daß der Schüler sich nicht hilflos und verlassen vorkommt, sondern den Lehrer als Partner ansieht, der ihm wirklich helfen will.

Wie häufig ist es Lehrern in ihrer Ausbildung so ergangen, daß sie an irgendeinem Punkt während der Klausur oder Prüfung nicht weiter kamen, obwohl sie die Antwort förmlich in den Fingern spürten. Es stellte sich nach der Klausur heraus, daß man die Aufgabe spielend zu Ende gebracht hätte, aber es fehlte im entscheidenden Moment nur ein Stichwort oder ein kleiner Hinweis des Dozenten.

Und noch etwas: Was spricht eigentlich dagegen, daß die Schüler z.B. den Katalog auswendig lernen? Hier lernen sie wenigstens gezielt und wissen wofür.

Ich, Methodix, behaupte, daß bei dieser Methode mehr im Gedächtnis haften bleibt als bei der herkömmlichen Klassenarbeit.

Stichwort: WIE WEIT ICH BIN

Ziel: Die Schüler lernen, ihre zur Verfügung stehende Arbeitszeit besser einzuschätzen und einzuteilen. Der Lehrer kann genau überblicken, wie weit der einzelne in seinem Arbeitsvorgang ist, er kann entsprechend dem Arbeitstempo der Klasse gezielte Unterrichtsmaßnahmen und -planungen treffen.

Fächer: Fächerübergreifend

Klassenstufe: Ab 1

Voraussetzung: Keine

Sozialform: Beliebig

Zeit: Beliebig

Material: Farbige Stifte, die optisch gut voneinander zu unterscheiden sind.

Vorbereitung: Keine

Durchführung: Diese Methode ist besonders für die Stillarbeit bzw. -beschäftigung der Schüler während einer Unterrichtsstunde gedacht. Der Lehrer gibt einen bestimmten Arbeitsauftrag, und die Schüler kennzeichnen durch Legen bzw. Heben ihrer farbigen Stifte, wie weit sie in der Erledigung der Anweisungen vorangekommen sind. So kann z.B. bedeuten:

- Blauer Stift: Ich habe die Hälfte fertig.
- Roter Stift: Ich bin fertig.
- Grüner Stift: Ich beschäftige mich schon mit etwas anderem (Hausaufgabe u.ä.).

Schüler und Lehrer können andere Zeichen für den Unterricht verabreden, z.B.:

- Gelber Stift: Ich habe eine Frage.
- Schwarzer Stift: Ich habe die Aufgabenstellung nicht verstanden.
- Roter Stift: Ich komme nicht weiter, ich brauche Hilfe.

Die Schüler heben dabei die Stifte kurz hoch oder legen sie für den Lehrer sichtbar auf ihren Tisch.

Variation: Der Lehrer gibt eine Aufgabe bzw. einen Aufgabenkomplex, der über einen längeren Stundenabschnitt in Stillarbeit zu bearbeiten ist. Die Schüler teilen sich - evtl. auch unter Abstimmung mit dem Lehrer - die zur Verfügung stehende Zeit ein. So legen sie z.B. für den ersten Aufgabenteil 10 Minuten fest, für den zweiten 3 Minuten usw. Jeder Schüler hat ein Kärtchen-Set von Stehaufmännchen. Er darf jedesmal ein neues Kärtchen aufstellen, wenn er in seinem Arbeitsverlauf einen neuen Zeitabschnitt seiner Zeiteinteilung anbricht. Er zeigt somit dem Lehrer, an welcher Aufgabe er gerade arbeitet. Dem Lehrer ist es eine Kontrolle, wie lange die Schüler für bestimmte Aufgaben brauchen und wie viel Zeit somit anzusetzen ist.

Stichwort: ARBEITSANWEISUNG

Ziel: Das Ziel ist, dem Schüler eine klare Arbeitsanweisung zu geben, um so dem ständigen Nachfragen vorzubeugen.

Fächer: Fächerübergreifend

Klassenstufe: Ab 2

Voraussetzung: Keine

Sozialform: Beliebig

Zeit: Zeitunabhängig

Material: Kein

Vorbereitung: Keine

Durchführung: Der Lehrer schreibt zunächst die von ihm festgesetzten Indikatoren einer Arbeitsanweisung an die Tafel. Das kann folgendermaßen aussehen:

1. Aufgabe:	Was? ....
	Wie? ....
	Ziel? ....
2. Zeit:	Wie lange? ....
3. Ort:	Wo? ....
4. Sozialform:	Mit wem? ....
5. Material:	Womit? ....
6. Abschluß:	Was kommt danach? ....

Anschließend setzt er je nach Übungsbereich die Angaben ein.

Variation:

1. Nach einiger Zeit kann dieses Schema etwas vereinfacht werden, indem man eine Tabelle an die Tafel zeichnet. In diese könnte folgendes eingetragen werden:

Aufgabe	7 Beispiele finden zur Übung Nr. 3, Sprachbuch, S. 26
Wie lange	ca. 15 Minuten
Wo	Im Klassenraum: Deinen Sitzplatz kannst Du wechseln
Mit wem	Alleine oder mit nur einem Mitschüler (Partnerarbeit)
Womit	Sprachbuch, Übungsheft; nicht mit Bleistift, sondern Tinte
Danach	Übung Nr. 4 kann angefangen werden (Hausaufg. für morgen)

Günstig ist es, wenn ein Schüler dieses Schema schon kurz vor Stundenbeginn an die Tafel zeichnet.

2. Wenn die Schüler mit diesem Verfahren der Arbeitsanweisung vertraut sind, kann man einen Schüler den vom Lehrer mündlich gegebenen Arbeitsauftrag wiederholen lassen, und dieser Schüler trägt dann die Angaben in das Raster an der Tafel ein.

3. Im Laufe der Zeit kann man dann auch einzelne der zunächst einmal festgesetzten Kriterien weglassen oder ergänzen. Hier würde es sich anbieten, dies mit den Schülern zu besprechen.

Stichwort: ICH MELDE MICH

Ziel: Mit Hilfe vereinbarter Regeln sollen Schüler und Lehrer sich besser verständigen lernen.

Fächer: Fächerübergreifend

Klassenstufe: Ab 3

Voraussetzung: Keine

Sozialform: Beliebig

Zeit: Zeitunabhängig

Material: Kein

Vorbereitung: Keine

Durchführung: Schüler und Lehrer vereinbaren gemeinsam Regeln für das Melden.
Diese könnten zum Beispiel folgendermaßen aussehen:

1. Eine Hand heben: Der Beitrag gehört direkt zum Gesprächsinhalt; er ist eine Fortführung des Gedankens.
2. Eine Faust zeigen: Der Beitrag spricht gegen den Gesprächsinhalt; er ist eine Entgegnung.
3. Beide Hände heben: Der Beitrag will einen neuen Gedanken ansprechen.

Variation: Für sich ständig wiederholende Handlungen (Austreten, Tafelwischen) könnte man bestimmte Zeichen erfinden.

Stichwort: STUNDENFAHRPLAN

Ziel: Strukturierung des Unterrichts; Hilfen für die gemeinsame Planung eines Unterrichtsablaufs.

Fächer: Fächerübergreifend

Klassenstufe: Ab 2

Voraussetzung: Keine

Sozialform: Beliebig

Zeit: Zeitunabhängig

Material: Evtl. große Uhr

Vorbereitung: Keine

Durchführung: Um den Unterrichtsablauf für die Schüler (und auch für den Lehrer) sichtbar zu machen, kann man die Unterrichtsstunde wie einen Fahrplan stichwortartig oder ausführlich an die Wandtafel schreiben.

1. Beispiel:

Ablauf der Unterrichtsstunde

1. Themenstellung und Arbeitsanweisung
2. Partnerarbeit
3. Unterrichtsgespräch
4. Kurze Pause
5. Gruppenarbeit
6. Zusammenfassung der Ergebnisse

Erklärung: Anhand eines Stundenfahrplans können die die Schüler den Ablauf der Unterrichtsstunde verfolgen. Dieser Stundenfahrplan kann noch spezifiziert werden:

2. Beispiel:

Ablauf der Unterrichtsstunde

1. Themenstellung und Arbeitsanweisung
   Der politische Konflikt in Südostasien
   Durcharbeiten der mitgebrachten Zeitungsartikel

2. Partnerarbeit
   Gegensätzliche politische Standpunkte
   stichwortartig herausschreiben

3. Unterrichtsgespräch
   Folgende Fragen sollen untersucht werden:
   Frage 1: ....
   Frage 2: ....
   Frage 3: ....

4. Pause
   Kurze Pause im Klassenraum

5. Gruppenarbeit
   Eigene Stellungnahmen in der Gruppe erarbeiten
   und stichwortartig zusammenfassen

6. Zusammenfassung der Ergebnisse
   Gruppenergebnisse werden in der Klasse diskutiert

Solch ein Stundenfahrplan läßt sich sehr leicht mit einer Zeitleiste versehen (siehe Beispiel 3). Schüler und Lehrer können die Zeit gemeinsam überprüfen und wissen, wie schnell oder wie langsam sie zu arbeiten haben.

3. Beispiel:

Ablauf der Unterrichtsstunde	Zeit von ... bis ...
1. Themenstellung und Arbeitsanweisung Der politische Konflikt in Südostasien Durcharbeiten der mitgebrachten Zeitungsartikel	10.30 - 10.40
2. Partnerarbeit Gegensätzliche politische Standpunkte stichwortartig herausschreiben	
3. Unterrichtsgespräch Folgende Fragen sollen untersucht werden: Frage 1: .... Frage 2: .... Frage 3:	10.40 - 10.55
4. Pause Kurze Pause im Klassenraum	10.55 - 11.00
5. Gruppenarbeit Eigene Stellungnahmen in der Gruppe erarbeiten und stichwortartig zusammenfassen	11.00 - 11.10
6. Zusammenfassung der Ergebnisse Gruppenergebnisse werden in der Klasse diskutiert	11.10 - 11.15

Sinnvoll ist es, sich eine große (Popp-)Uhr zu beschaffen, die man für alle Schüler sichtbar in die Klasse stellt. Auf diese Weise können und sollen die Schüler die Zeit kontrollieren. Das heimliche Schauen auf die Uhr entfällt.
Stundenfahrpläne müssen je nach Altersstufe der Schüler entwickelt werden. So könnte beispielsweise ein Stundenfahrplan für Grundschüler wie folgt aussehen:

4. Beispiel:

Unsere 3. Stunde

1. Wir überprüfen die Hausaufgaben
2. Wir lesen im Lesebuch die Geschichte auf Seite 12
3. Wir sprechen über die Geschichte
4. Wir malen ein Bild zu dieser Geschichte

Variation:

1. Im Laufe der Zeit (wenn die Schüler das Prinzip verstanden haben) können die Schüler zum Stundenfahrplan an der Tafel eigene Alternativvorschläge machen. Sie planen kurzfristig den Unterricht mit.
2. Der Lehrer bittet mehrere Schüler, ihm bei der nächsten Unterrichtsstundenplanung mitzuhelfen. Das kann in fünf Minuten nach dem Unterricht geschehen.
3. Mehrere Schüler erhalten vom Lehrer oder von der Klasse den Auftrag, die nächsten Unterrichtsstunden zu planen.

L I T E R A T U R

BEYER, G.: Köpfchen, Köpfchen. Gedächtnistraining für Schüler und Co., München 1977

BOETTCHER, W. u.a.: Lehrer und Schüler machen Unterricht, München 1978

BRAUN / SAWALLISCH (Hrsg.): Mein neues Sprachbuch - 3. Schuljahr, Hannover 1972

BREMER KOLLEKTIV: Didaktik und Methodik des Deutschunterrichts, Stuttgart 1978

BRÜCK, H.: Die Angst des Lehrers vor seinem Schüler, Reinbek bei Hamburg 1978

CROPLEY, A.: Unterricht ohne Schablone. Wege zur Kreativität, Ravensburg 1978

FIGGE, P.: Lernen durch Spielen. Praktische Dramapädagogik und Dramatherapie, Heidelberg 1975

GABELE, P.: Arbeitsmittel und Lehrprogramme, Stuttgart 1968

GLONNEGGER, E.: Das goldene Spielbuch. Spiel und Spaß für jedermann,Ravensburg 1967

GÖSSMANN, W.: Sätze statt Aufsätze. Schriftliches Arbeiten auf der Primarstufe, Düsseldorf 1976

GRELL, J.: Rezeptfeindschaft - Alibi der Theoretiker. In: Westermann Päd. Beiträge, H. 7 (1978), S. 268-271

HEINEMANN, S.: Mathematische Spiele, Plankstadt 1976

HOLSTEIN, H.: Arbeitsmittel im Unterricht, Bochum 1976

KEMPOWSKI, W.: Immer so durchgemogelt. Erinnerungen an unsere Schulzeit, Frankfurt/M. 1976

KUNERT, K.; E. ZITTERBART: Provokation im Unterricht, Donauwörth 1976

LERCH, N.: Lesemodelle. Methodische Einführung, Unterrichtsprotokolle und Unterrichtsskizzen zur literarischen Erziehung an Grund- und Hauptschulen, München 1975

LÜBKE, E. u. W.: Moderne Unterrichtsgestaltung, Dornburg-Frickhofen 1973

LÜDEKE, I.: Sprachspiele für die Primarstufe, Limburg 1978

MACHT, K. u.a.: Das darstellende Spiel im Englischunterricht, Ansbach 1977

MINSEL, W.-R.; W. PALLASCH (Hrsg.): Psychologie in der Schule, Bochum 1975

PALLASCH, W.: Unterrichtsstunden können als Vigilanzsituationen bezeichnet werden. In: Minsel/Pallasch (s. unten)

PALLASCH, W.: Schulische Gruppenaktivitäten sind ohne Vorübungen stimulierbar. In: Minsel, W.-R.; Pallasch, W. (Hrsg.): Psychologie in der Schule, Bochum 1975

PALLASCH, W. (Hrsg.): Spiele? Spiele! Eine Zusammenstellung gruppendynamischer Übungen, Kronshagen 1978

PREETORIUS, J.: Knaurs Spielbuch, München 1953

REINHARDT, S.: Zum Professionalisierungsprozeß des Lehrers. Überlegungen zur Lehrer-Schüler-Interaktion und ihrer Sozialisation, Frankfurt/M. 1972

SCHIEFER, H.; K. HALBRITTER: Die Kunst, Lehrer zu ärgern, Reinbek bei Hamburg 1977

SCHNITZER, A.: Lehrplanung und Unterrichtsgestaltung, München 1977

SCHWALBACHER SPIELKARTEI, 1977

SAUTER, H.: Modelle des schriftlichen Sprachgebrauchs in der Grundschule, Donauwörth 1978

VESTER, F.: Denken, Lernen, Vergessen, Stuttgart 1975

VESTER, F.: Phänomen Streß, München 1978

WAGNER, A. (Hrsg.): Schülerzentrierter Unterricht, München 1976

ZANDER, S.: Deutschunterricht in der Grundschule, Bad Heilbrunn 1977

ZECHLIN, R.: Das kleine Spielbuch für Regen- und Krankheitstage, Ravensburg 1951

ZORN, B.: Die schönsten Spiele für die ganze Familie, Köln 1978

Statt eines Nachworts: